Louise L. Hay und Freunde · Dankbarkeit erfüllt mein Leben

Von Louise L. Hay sind bereits
im Alf Lüchow-Verlag erschienen:

Ein Garten aus Gedanken

❋

Ein Treffen mit Louise L. Hay (Video)

❋

Heile Deine Körper

❋

Herzensweisheiten

❋

Liebe Deinen Körper

❋

Umkehr zur Liebe, Rückkehr zum Leben

❋

Wahre Kraft kommt von Innen

Louise L. Hay
und Freunde

Dankbarkeit erfüllt mein Leben

Lüchow

Titel der amerikanischen Ausgabe
GRATITUDE. A Way of Life
by Louise L. Hay and Friends

Original U.S. Publication 1996 by Hay House, Inc.,
Carlsbad, California, USA

**Übersetzung aus dem Amerikanischen
von Wolfgang Schellhorn**

Die Deutsche Bibliothek – CIP-Einheitsaufnahme

Dankbarkeit erfüllt mein Leben / Louise L. Hay und Freunde.
Zsgest. und hrsg. von Jill Kramer. [Übers. aus dem Amerikan. von
Wolfgang Schellhorn]. – 1. Aufl. – Freiburg i. Br. : Lüchow, 1997
Einheitssacht.: Gratitude ⟨dt.⟩
ISBN 3-925898-78-6

1. Auflage 1997

Umschlaggestaltung: Peter Krafft Designagentur, Freiburg
Lektorat: Christian Andreas Hofer
Satz: Fotosetzerei Scheydecker, Freiburg i. Br.
Druck und Bindung: Freiburger Graphische Betriebe
Gedruckt in Deutschland
ISBN 3-925898-78-6

Inhalt

Louise L. Hay

Einleitung

Ich bin überaus froh, dieses ganz besondere Buch mit meinen Freunden – und mit der Welt zu teilen. Der gesamte Gewinn aus diesem Buch wird meiner gemeinnützigen Organisation, der Hay-Stiftung, zugute kommen, die mit Sorgfalt an der Verbesserung der Lebensqualität vieler Menschen arbeitet, darunter Aids-Kranke und mißhandelte Frauen.

Wenn Sie die wundervollen, inspirierenden Gedanken in diesem Buch durchlesen, dann hoffe ich, daß Sie sich die Zeit nehmen werden, über all das nachzudenken, worüber Sie in *Ihrem* Leben dankbar sein sollten.

Ich achte darauf, daß ich jeden Tag
etwas Zeit darauf verwende ...

Louise L. Hay

... dem Universum zu danken

Ich habe bemerkt, daß das Universum Dankbarkeit liebt. Je dankbarer man ist, desto mehr Gutes bekommt man. Wenn ich »Gutes« sage, meine ich nicht nur materielle Dinge. Ich meine all die Menschen, Orte und Erfahrungen, die das Leben so wunderbar lebenswert machen. Sie wissen, wie großartig Sie sich fühlen, wenn Ihr Leben von Liebe, Freude, Gesundheit und Kreativität erfüllt ist und die grünen Ampeln und die Parkplätze auf Sie warten. So sollten wir unser Leben leben. Das Universum beschenkt uns großzügig und reichlich, und es legt Wert darauf, daß man es zu schätzen weiß.

Stellen Sie sich vor, wie Sie sich fühlen, wenn Sie einer Freundin ein Geschenk machen. Wenn diese sich das Geschenk ansieht und ihr Gesicht verzieht oder sagt: »Oh, das ist nicht meine Größe oder nicht meine Farbe, oder ich verwende so etwas nicht, oder ist das alles?« werden Sie sicher wenig Neigung verspüren, ihr jemals wieder ein Geschenk zu machen. Gehen ihre Augen dagegen vor Entzücken über, und sie ist erfreut und dankbar, dann möchten Sie immer wieder etwas verschenken, ob Sie es nun tatsächlich tun oder nicht.

Dankbarkeit bietet noch mehr, wofür man dankbar sein kann. Sie bereichert unser Leben ungemein. Mangel an Dankbarkeit oder Gejammer bringt wenig, worüber man sich freuen kann. Menschen, die sich beschweren, finden immer, daß sie wenig Gutes in ihrem Leben haben, oder sie genießen nicht das, was Ihnen zur Verfügung steht. Das Universum gibt uns immer was wir verdienen. Viele von uns wurden so erzogen, daß sie nur auf das schauen, was sie nicht haben, und Mangel empfinden. Wir sind auf Knappheit eingestellt und wundern uns dann, warum unser Leben so leer ist. Wenn wir glauben: »Ich habe es nicht, und ich werde nicht glücklich sein, bis ich es habe«, dann lähmen wir unser Leben. Das Universum hört: »Ich habe es nicht, und ich bin nicht glücklich«, und das bekommen Sie dann verstärkt.

Seit einiger Zeit schon nehme ich jedes Kompliment und jedes Geschenk mit den Worten entgegen: »Ich nehme es mit Freude, Vergnügen und Dankbarkeit an.« Ich habe die Erfahrung gemacht, daß das Universum diesen Ausdruck liebt, und ich bekomme ständig die wundervollsten Geschenke.

Wenn ich morgens aufwache, danke ich als erstes, noch bevor ich meine Augen öffne, meinem Bett für den guten Nachtschlaf. Ich bin dankbar für die Wärme und die Behaglichkeit, die es mir gegeben hat. Indem ich so beginne, fällt es mir leicht, an sehr vieles mehr zu denken, wofür ich dankbar bin. Bis ich aufgestanden bin, habe ich bestimmt meine Dankbarkeit für 80 bis 100 Leute, Orte, Dinge und Erfahrungen in meinem Leben ausgedrückt. Das ist eine großartige Art und Weise, den Tag zu beginnen.

Abends, kurz bevor ich einschlafe, gehe ich den Tag durch, segne jede Erfahrung und bin dankbar dafür. Ich vergebe mir auch, wenn ich das Gefühl habe, einen Fehler gemacht zu haben, etwas Unangebrachtes gesagt zu haben oder eine Entscheidung getroffen zu haben, die nicht die Beste war. Diese Übung erfüllt mich mit »warmem Flaum«, und ich entschlummere glücklich wie ein Baby.

Wir wollen auch für die Lektionen, die wir erhalten, dankbar sein. Laufen Sie nicht vor ihnen weg; sie sind Teile eines Schatzes, der uns geschenkt wurde. Indem wir von ihnen lernen, verändert sich unser Leben zum Besseren. Inzwischen frohlocke ich jedesmal, wenn ich einen weiteren Aspekt meiner dunklen Seite erkenne. Ich bin dann bereit, etwas loszulassen, das mein Leben behindert hat, und sage: »Danke dafür, daß mir das gezeigt wird, so daß ich es heilen kann und weiterkomme.« Also freuen Sie sich, gleich ob die Lektion nun ein neues »Problem« ist, oder die Gelegenheit, ein altes negatives Muster in uns zu erkennen und über Bord zu werfen! Laßt uns jeden Tag so oft wie möglich dankbar sein für alles Gute in unserem Leben. Wenn Sie in Ihrem Leben jetzt wenig haben, wird es mehr werden. Wenn Sie bereits ein erfülltes Leben führen, wird *dieses* sich mehren. Es ist eine Situation, wo jeder gewinnt. Sie sind glücklich, und das Universum ist glücklich. Dankbarkeit macht Sie reicher.

Beginnen Sie mit einem Tagebuch der Dankbarkeit. Schreiben Sie jeden Tag etwas auf, wofür Sie dankbar sind. Erzählen Sie täglich jemandem, wie dankbar Sie für irgend etwas sind. Sagen Sie es zu Versicherungsvertretern, Kellnern, Postbeamten, Arbeitgebern und Angestellten, Freunden, Familienmitgliedern und völlig Fremden. Teilen Sie das Geheimnis der Dankbarkeit. Laßt uns mithelfen, daß dies eine Welt des dankbaren Gebens und Empfangens wird ... für alle!

Louise L. Hay lehrt und hält Vorträge über metaphysische Themen. Sie ist Bestsellerautorin von 17 Büchern, darunter Heile Deinen Körper *und* Gesundheit für Körper und Seele. *Seit Beginn ihrer Laufbahn als Botschafterin der Bewußtseinsforschung im Jahre 1981 hat sie Tausende von Menschen dabei unterstützt, das Potential der kreativen Fähigkeiten für ihr persönliches Wachstum und für ihre Selbstheilung zu entdecken und zu nutzen. Die Arbeiten von Louise L. Hay sind in 25 verschiedene Sprachen übersetzt worden und in der ganzen Welt verbreitet. Sie ist Inhaberin und Gründerin der Hay House Incorporation, eines Verlagshauses, das sich der Verbreitung von Büchern, Audio- und Videokassetten und anderen Materialien widmet, die zur Heilung des Planeten beitragen.*

Harold Bloomfield

Die heilende Kraft der selbstlosen Hilfe

Wenn Sie sich angewöhnen, jede Woche anderen zu helfen, kann das für Ihre Gesundheit und Langlebigkeit genauso wichtig sein wie regelmäßige Übungen und gute Ernährung – und es achtet die Gesundheit Ihrer Gemeinde und der Welt insgesamt. Darin könnte sogar der Schlüssel liegen zur Beendigung des tödlichen Kreislaufs von Furcht, Vereinzelung und der zügellosen Gewalt in unserer individualistischen Gesellschaft. Anderen eine helfende Hand zu reichen ist gut für Ihre eigene Vitalität, für Ihr Herz und Ihr Immunsystem. Menschen, die regelmäßig freiwillige Hilfsdienste leisten, zeigen einen deutlichen Anstieg der Lebenserwartung gegenüber denjenigen, die keine derartigen Leistungen für andere erbringen.

Der Blick auf andere kann Ihnen aus der allgemein verbreiteten egozentrischen Verstrickung in Familie, Karriere und finanzielle Sorgen heraushelfen. Hilfe für andere bessert oft die Stimmung, macht optimistischer und nährt uns mit einem Gefühl allgemeiner Dankbarkeit. Indem Sie einem Hilfsbedürftigen helfen, können Sie Ihre eigenen Fähigkeiten und Stärken, Ihr Wissen und Ihre Kompetenz mehr schätzen lernen. Der größte Nutzen des Helfens scheint nicht so sehr im *Ergebnis* zu liegen, sondern im *Vorgang*. Damit meine ich, daß der Gewinn für diejenigen, denen geholfen wird, und für Sie selbst, sich hauptsächlich aus dem dabei stattfindenden Austausch ergibt und nicht so sehr dadurch, daß eine soziale Situation »behoben« worden ist.

Im Gegensatz zu allgemein verbreiteten Vorstellungen erfordert Hilfe für andere keinen enormen Zeitaufwand. Alles, was man braucht, ist ein persönlicher Plan, der von planmäßiger Arbeit für eine Hilfsorganisation bis zu spontanem, großzügigem und gütigem Handeln während der ganzen Woche reichen kann. Bei der Auswahl einer helfenden Tätigkeit, die Ihre guten Gefühle verstärkt und es Ihnen jede Woche ermöglicht zu helfen, sollten Sie einen persönlichen Kontakt zu den Leuten herstellen, denen Sie helfen. Wählen Sie eine helfende Tätigkeit, die Ihre eigenen Interessen oder Fähigkeiten anspricht, damit Sie Ihren Enthusiasmus behalten!

Eine andere wundervolle Sache ist es, wenn man sich fünf Minuten Zeit nimmt, um einem geliebten Menschen zu sagen, weswegen man sie oder ihn besonders schätzt. Welche Bedeutung und Inspiration können Sie und Ihr Partner in Ihrer Beziehung finden? Bereiten Sie eine Liste vor, so daß Sie Ihren Geliebten in Ihrer Wertschätzung »baden« können. Einige Anregungen:

- Weshalb fühlten Sie sich anfangs zu Ihrem Partner hingezogen?

- Welche besonderen Qualitäten von ihm oder von ihr bewundern Sie am meisten?

- Wie sahen einige der Höhepunkte aus – und Momente des Lachens und der Freude – als Sie sich zu verabreden begannen?

- Was reizte Sie seinerzeit, diese Beziehung einzugehen?

- Wie hat Ihr Partner geholfen, Differenzen und Hindernisse zu überwinden?

- Was sind Ihre liebsten Erinnerungen an das erste Jahr Ihrer Beziehung?

- Welche Anstrengungen hat Ihr Partner unternommen, um die Beziehung in schweren Zeiten zu stützen?

Wenn Sie eine Liste der besonderen Erlebnisse und der Qualitäten erstellt haben, die Sie an Ihrem geliebten Menschen schätzen, teilen Sie ihm das Ergebnis mit. Eine Regel: Der Partner, der zuhört, darf keine Beurteilungen abgeben oder eine der anerkennenden Bemerkungen verneinen (»Ich bin nicht *wirklich* rücksichtsvoll ...«, »Ich habe nie *so* sexy ausgesehen; außerdem muß ich erst einmal zehn Pfund abnehmen ...«). Nehmen Sie sich Zeit, um die Rollen zu tauschen, und geben Sie Ihrem Partner fünf Minuten, um einige Dinge auszudrücken, die er oder sie an Ihnen besonders schätzt. Diese einfache Übung hilft Ihnen zu erkennen, was Sie aneinander haben, und kann die Qualitäten Ihres Partners – und Ihre eigenen – wieder bewußt machen. Sie bilden die gemeinsame, manchmal verborgene Grundlage Ihrer Liebe.

Dr. med. Harold Bloomfield ist einer der führenden psycho-spirituellen Erzieher unserer Zeit. Bloomfield wurde an der Yale-Universität ausgebildet und ist jetzt Assistenzprofessor für Psychologie an der »Union Graduate School«. Von seinem ersten Buch TM, *das ein internationaler Bestselle war, bis zu seinem Buch* How to Survive the Loss of a Love *hat Bloomfield gezeigt, daß er weltweit an der Spitze vieler nützlicher Selbsthilfebewegungen steht. Seine Bücher* In Frieden mit den Eltern, Making Peace with Yourself *und* Making Peace in Your Stepfamily *brachte Millionen von Menschen Frieden im persönlichen Bereich und in der Familie. Zu seinen neuesten Büchern gehören* How to heal Depression *und* The Power of 5. *Aus dem letzteren Buch ist dieser Beitrag entnommen.* The Power of 5 *wurde zusammen mit Dr. Robert K. Cooper geschrieben und ist bei Rodale Press erschienen.*

Joan Borysenko

Danken Sie Gott für das, was keiner Heilung bedarf

An einem klaren Wintertag beschloß ich, in der kleinen Ortschaft in der Wildnis Colorados, wo ich wohne, einen Spaziergang zu machen. Der Himmel hatte die azurblaue Tönung, die für die höheren Lagen der Rocky Mountains typisch ist. Die frühe Märzsonne ergoß sich wie flüssiges Gold durch die Zweige der hohen Tannen und an den zarten Kristallen des frisch gefallenen Schnees tanzten Lichtmuster. Grün und grau geschichtete Berggipfel ragten majestätisch empor, die Wolken durchstoßend, die wie elfenhafter Nebel in den verzauberten Tälern hingen.

Obwohl ich kräftig voranschritt, war ich durchaus nicht blind für die außergewöhnliche Schönheit. Ich versuchte mich zu entspannen, bevor im örtlichen Krankenhaus eine Gewebeentnahme an meiner Brust vorgenommen werden sollte. Mich bewegte eine endlose Liste von entsetzlichen medizinischen Möglichkeiten. Während mein Denken in abgedroschene Muster des Grauens rutschte, wurde es immer mächtiger. Nicht nur, daß mein Körper tödlicher Gefahr ausgesetzt war, mein Leben funktionierte auch in anderen Bereichen nicht richtig. Das Glas schien nicht nur halbleer zu sein, sondern das restliche Wasser war offenbar auch noch verschmutzt!

Obwohl mein jüngster Sohn bald 22 Jahre alt wurde, war er furchtbar aufgebracht über die vor kurzem vollzogene Trennung von meinem Mann, mit dem ich 24 Jahre zusammenlebte. Natürlich war ich schuld. Ich fühlte mich überarbeitet und ausgebrannt. Auch das meine Schuld. Was für ein verrücktes Leben hatte ich mir da geschaffen – insbesondere wo ich ein Vorbild für andere sein sollte? Schuldgefühle, Angst, Ärger und Enttäuschung schlossen sich der Kakophonie innerer Stimmen an, die mich bei meinem Versuch eines nachdenklichen Entspannungsspazierganges auf dem Weg bergab begleiteten.

Ein brennender Schmerz im Gesäß weckte mich unsanft aus meinen giftigen Träumereien. Vollständig in meine gut eingeübten mentalen Filme versunken, hatte ich überhaupt nicht bemerkt, daß sich ein großer Schäferhund genähert hatte, an mir hochgesprungen war und mich unvermittelt in den Hintern gebissen hatte. Mein geistiges Kino ließ sofort einen Film anlaufen mit meinen Gesäßbacken in der Hauptrolle, wie sie gerade in der Notaufnahme des städtischen Krankenhauses von Boulder genäht wurden, während ich gleichzeitig mit riesigen Dosen von Tetanus- und Tollwut-Impfstoff geimpft wurde. Bestimmt würde ich meine Biopsie verpassen und müßte mich an einem anderen Tag dieser zweiten Runde der medizinischen Tortur unterziehen.

Ich faßte in meine Hose und erwartete, klebriges Blut vorzufinden. Merkwürdigerweise war meine Hand völlig sauber, als ich sie herauszog. Von plötzlicher Hoffnung beflügelt, verzog ich mich hinter einen Busch und ließ meine Hose herunter. Zwar zierte jetzt ein großer roter Flecken mein Gesäß, eingerahmt von dem Abdruck eines makellosen Hundegebisses, doch die Haut war wie durch ein Wunder unversehrt. Mit einem Freudeschrei zog ich meine Hose hoch und brach mit einem Schlachtruf uneingeschränkter Dankbarkeit aus dem Gebüsch hervor. Keine Notaufnahme. Keine Tetanusspritzen. Kein langsamer Tod durch Tollwut. Ich konnte noch rechtzeitig zur Biopsie kommen. Was für ein Glück.

Plötzlich kam mir die ganze Szene ziemlich komisch vor. Der Hund verwandelte sich von einem widerlichen Köter in einen göttlichen Boten. »Wach auf, du törichter Mensch! Spüre die Sonne auf deinem Gesicht und den Wind in deinem Haar. Du bist am Leben, und die Welt ist wunderschön. Die Berge sind lebendig, und der Tag ist jung. Unzählige Erfahrungen kannst du machen und Welten erschaffen.«

Der Schleier des Vergessens fiel von meinen Augen, und ich war auf einmal von Dankbarkeit überwältigt für das Geschenk des Lebens. Jeder Atemzug war kostbar. Jeder Schritt ein Wunder. Der Streß, der mich erfaßt hatte, erschien mir wie eine klug konstruierte Herausforderung, die mich dazu anhielt, mein Leben achtsamer und authentischer zu gestalten. Um mich herum breitete sich Frieden aus wie eine Decke aus Daunen, und ich fühlte mich von unsichtbaren Armen gehalten.

Dankbarkeit ist in der Tat wie ein Umschalten, das unsere mentale Arbeit von Zwangsvorstellungen zum inneren Frieden, von der Blockade zur Kreativität und von der Furcht zur Liebe führt. Die Fähigkeit, sich zu entspannen und voller Achtsamkeit präsent zu sein, ergibt sich von selbst, wenn wir dankbar sind. Einer der erfreulichsten Aspekte meiner jüdischen Herkunft ist das Aufsagen von Brachot, Segenssprüchen oder Dankgebeten den ganzen Tag hindurch. Damit wird Gott gepriesen für die Erschaffung einer Welt grenzenloser Wunder und Möglichkeiten. Es gibt einen Segensspruch, wenn man einen Stern oder einen Regenbogen sieht. Es gibt einen Segen für die Gabe der Nahrung, des Weines und des Wassers. Es gibt sogar beim Aufsuchen der Toilette einen Segen für die inneren Organe, die so gut funktionieren! Ich füge im Laufe des Tages noch weitere spontane Segnungen hinzu. Dank dem grenzenlosen schöpferischen Universum, dem unbekannten Mysterium, das wir Gott nennen, für die Erschaffung von Schäferhunden, die uns zur unwahrscheinlichsten Zeit aufwecken!

Einmal nahm ich an einem charismatisch-katholischen Heilungsgottesdienst teil. Dabei dankte der Priester in einem Gebet für all die Dinge in unserem Leben, die keiner Heilung bedurften. Gott sei Dank dafür, daß der Schäferhund meine Haut nicht durchgebissen hat. Gott sei Dank dafür, daß die Biopsie meiner Brust negativ war. Gott sei Dank dafür, daß ich gesund bin und mich wenigstens von Zeit zu Zeit daran erinnern kann, daß Dankbarkeit der Schlüssel zu Frieden, Freude und kreativer Entscheidung ist. Mögen auch Sie mit der Gabe des Erinnerns gesegnet sein! Nehmen Sie sich heute abend, bevor Sie zu Bett gehen, einen Moment Zeit und bedanken Sie sich für fünf Dinge in Ihrem Leben, die keiner Heilung bedürfen. Wenn Sie im Laufe des Tages im Lamentieren über Dinge landen, die scheinbar verkehrt sind, denken Sie daran, ein Dankgebet zu sagen für all die Dinge, die in Ordnung sind.

Dr. phil Joan Borysenko ist Präsidentin der »Mind/Body Health Sciences, Inc.« (Aktiengesellschaft für geistig/körperliche Gesundheitswissenschaften, A. d. Ü.) und Autorin von fünf Bestsellern, darunter The Power of the Mind to Heal, Feuer in der Seele *und* Für den Körper sorgen – die Seele entfalten. *Sie ist Mitbegründerin und frühere Leiterin der »Mind/Body Klinik« am Deaconess Krankenhaus in Neu England und war Dozentin für Medizin an der medizinischen Fakultät der Harvard-Universität. Borysenko ist als Biologin Spezialistin für Krebszellen, amtlich zugelassene Psychologin und Lehrerin für Yoga und Meditation.*

Carolyn A. Bratton

Dankbare Betrachtungen

Wenn ich auf mein Leben zurückblicke und sehe, wie es sich unglaublich entfaltet hat, mit all den Lektionen, die mir von den Meistern gezeigt wurden, um die dunklen Ecken meines Lebens zu ergründen, dann erfüllt mich Ehrfurcht gegenüber dieser wundervollen Sache, die man Leben nennt! Ja, ich bin wirklich dankbar, manchmal mehr und manchmal weniger, doch in jedem Fall bin ich voller Dankbarkeit und Demut, daß ich die Gelegenheit habe, mein Leben in dieser außergewöhnlichsten Phase unseres Planeten zu führen.

Dankbarkeit ist etwas sehr wichtiges für unsere Lebensqualität. Was mich anbetrifft, bin ich weit geöffnet für alles Gute, wenn ich von Dankbarkeit erfüllt bin. Auch das Gegenteil ist richtig. Wenn nichts geschieht in meinem Leben, muß ich nur meinen Dankbarkeitsbarometer überprüfen, und schon ist es da. Ein verschlossenes Herz verschließt auch die Lebensader, die zur Quelle allen Glücks, aller Freude und Ekstase führt.

Ich habe mir angewöhnt, mich so zu verhalten, als ob ich dankbar sei, auch wenn ich es schwierig finde, das wohlige Gefühl zustande zu bringen, das sich ganz natürlich einstellt, wenn man dankbar ist. Und es dauert nicht allzu lange, und ich *bin* dankbar!

Ich habe ein interessantes Ritual entwickelt, beim Autofahren ein Lied zu singen auf alles, wofür ich dankbar bin. Ich beginne mit einem einfachen Danke für was auch immer, und dieses was auch immer setzt eine endlose Reihe an Dingen frei, für die ich dankbar bin. Diese Übung gibt mir gerade dann Auftrieb, wenn ich nicht in besonders dankbarer Stimmung bin. Der Gesang wird recht kreativ, und bald lächle ich mich selbst an. Das ist übrigens eine großartige Methode, Ihren besten Freund zu hegen und fröhlich zu stimmen – Sie selbst!

Außerdem liebe ich es, »danke schön« zu sagen! Und ich möchte auch noch das Wort »Ja« hinzufügen! Wie es Louise Hay in ihrer wunderbaren Affirmation ausdrückt: »Ich sage JA zum Leben, und das Leben sagt JA zu mir!« Wenn diese Art von Chemie in Ihrem Kopf, in Ihrem Körper und im Äther zirkuliert – wobei sie von Ihnen ausströmt und Alle und Alles berührt –, kommt Sie zwangsläufig zu Ihnen zurück, und zwar vervielfältigt!

Wir vergessen manchmal, daß wir göttliche Wesen sind, und daß es die Absicht des Schöpfers ist, daß wir dieses Leben mit Freuden genießen sollen! Wir können unsere Lektionen voller Freude lernen statt mit so viel Schmerz, und wenn unsere Einstellung aus einem liebenden, dankbaren und wertschätzenden Herzen kommt, dann können uns die Meister, die Engel und unsere Führer noch besser unterstützen. Wenn wir um ihre Unterstützung bitten, können wir umso dankbarer sein für diese planetarische Hierarchie, die uns mehr als bereitwillig hilft. Dann wird uns klar, daß wir nie alleine sind auf unserem Weg.

Je dankbarer ich bin für die kleinen Dinge in meinem Leben, desto mehr treten die größeren Sachen aus unerwarteten Quellen hervor, und ich freue mich auf jeden Tag mit all seinen Überraschungen, die er für mich bereit hält!

Wenn also Ihr Leben momentan nicht richtig funktioniert, könnte es daran liegen, daß Ihre Einstellung zur Dankbarkeit einer liebevollen Korrektur bedarf. Beschließen Sie und bekräftigen Sie, daß Sie dankbarer sein wollen, und beobachten Sie, wie die Geschenke des Lebens zu Ihnen kommen! Zeigen Sie auch mehr Bereitschaft zu geben! Je dankbarer Sie sind, desto mehr Gutes wird zu Ihnen kommen; je mehr Sie geben, desto mehr werden Sie empfangen.

Leben – wie gut ist es! So ist es. Und so soll es sein!

Carolyn A. Bratton ist Mitbegründerin des Lifestream Center – Roanoke, dem einzigen holistischen Heilungszentrum in Virginia, und ordinierte Pastorin. Nach dem Abschluß zweier Intensivtrainingsprogramme von Louise Hay leitete Bratton in den Vereinigten Staaten wie auch im Ausland mehrere Jahre lang Workshops und Seminare auf der Grundlage von Louise Hays Buch Gesundheit für Körper und Seele *und James Redfields Bestseller* Die Prophezeiungen von Celestine.

Lee Carroll

Patty

Man sagte mir, es gäbe keine Hoffnung. Es war nur eine Frage der Zeit, bis die Hand Gottes nach mir greifen würde, um den kleinen, verbliebenen Lebensfunken von meinem verfallenden Körper zu nehmen. Jeden Tag lag ich am selben Platz und starrte auf die Wand neben mir. Sie kam jeden Nachmittag gegen 3.00 Uhr, um mir vorzulesen, meine Hand zu halten, meine Stirn zu trocknen und mir freundliche, beruhigende Worte zu sagen. Um 6.00 Uhr ging sie wieder. Jeden Abend mußte ich so tun, als ob es für mich in Ordnung sei, daß sie ging, und dann versuchte ich herauszufinden, warum mir überhaupt noch das Abendessen serviert wurde – offenbar eine Verschwendung von Nahrung.

Patty wußte, daß ich im Sterben lag, und doch funkelten ihre Augen voller Hoffnung, und ihre Worte waren immer fröhlich. Selbst wenn ich die größten Schmerzen hatte, lächelte sie und zwinkerte mir auf ihre besondere Art und Weise zu, die sagte: »Hör auf mit diesem ganzen Selbstmitleid, komm auf meine Ebene und begegne mir.« Merkwürdigerweise tat ich das jedesmal. Es war nicht schwer, wenn ich ein strahlendes menschliches Wesen vor mir hatte, das sich um meine letzten Tage kümmerte ... als ob das noch wichtig wäre. Ich fürchtete mich vor dem Besuch von Verwandten – das verlegene Schweigen, die gesenkten Augen und die Trauer, die sie mir jedesmal vermittelten, wenn sie mich besuchten. Es war mehr, als ich aushalten konnte. Patty war anders.

Sie war keine gelernte Krankenschwester oder eine dieser speziell für den Beistand von Todkranken ausgebildete Sozialarbeiterinnen. Sie war einfach eine freiwillige Helferin, die sich entschieden hatte, jeden Nachmittag ihres Lebens damit zu verbringen, mir aus einem Buch vorzulesen. Sie liebte Bücher, und ich erinnere mich, daß ich ihr stundenlang beim Vorlesen zusah, ohne anscheinend auch nur zu blinzeln. Sie pflegte die Geschichten, die ich gerne hörte, sehr ausdrucksvoll vorzutragen. Manchmal lachte oder weinte sie, um die Geschichte besser zu illustrieren. Immer wieder schaute sie hoch, um zu sehen, ob ich noch mitkam, oder ob ich irgend etwas brauchte. Das geschah nie. Ihre Anwesenheit war genug, um Schmerzen und Furcht in einem versteckten Winkel verschwinden zu lassen.

Morgens war es am schlimmsten. Wieder wurde mir eine Mahlzeit gebracht, was nur meinen Widerwillen hervorrief. Was sollte ich noch damit? Manchmal fühlte sich mein Körper an, als ob er von innen her aufgefressen würde, mit all den Schmerzen, die mit dieser Vision einhergingen. Manchmal bat ich darum, von dem Bevorstehenden erlöst zu werden. Mein Gebet richtete sich an wen auch immer und ich schrie, daß ich diesen ganzen Ärger und Aufwand satt hatte ... Dann kam Patty, und alles änderte sich. Wir sprachen nie über meinen bevorstehenden Tod. Sie behandelte mich, als ob ich gleich aufspringen und beim nächsten Leichtathletik-Wettbewerb mitlaufen würde. Sie hatte nie diesen Ausdruck von Mitleid, den ich so oft in den Augen der anderen sah, die hereinkamen. Ich kannte die Namen ihrer Kinder und ihres Ehemannes, und einmal hatte ich sogar die Gelegenheit, ihnen zu begegnen. Was für eine Familie! Keinem von ihnen schien die Anwesenheit einer sterbenden Person etwas auszumachen – als ob sie alle ein Engelseminar besucht hätten! Patty erzählte mir später ihr Geheimnis, und es war das einzige Mal, daß sie ihre Spritualität erwähnte.

Sie sagte mir, daß alle Menschen einen Weg haben, den Gott kennt, und daß ich genau da war, wo ich sein wollte, und daß das alles seinen Grund und seine eigene Würde hätte. Ich lachte sie an und sah mir meine Umgebung an. Ich sah meine Bettschüssel, meinen halbvollen Urinbeutel und die Schläuche, die an meinen Handgelenken befestigt waren. Meine Augen waren von Tag zu Tag röter geworden, und meine Gesichtshaut war aschfahl. Ich wies auf meine mit Schläuchen beladene Hand und sagte laut: »Etwas Würde?« Wir mußten beide lachen. Sie erzählte mir, daß sie und ihre Familie glaubten, daß ich die Aufgabe übernommen hätte, etwas besonderes für den Planeten zu tun, und daß meine Lage im Rahmen der göttlichen Liebe stimmig sei. Ich verstand das alles nicht, aber es gab mir dennoch Trost. Nachdem sie gegangen war, dachte ich noch Stunden über ihre Worte nach.

Das Unausweichliche geschah, und ich erhielt eine umfassende Antwort auf meine oft im Gebet vorgetragene Bitte.

Ich hatte Gott (mit dem ich nie gesprochen hatte, bevor ich krank wurde) darum gebeten, mich in der Gegenwart meines Engels Patty gehen zu lassen – und mein Wunsch wurde erfüllt!

Es war viel leichter, als ich gedacht hatte ... diese Sache mit dem Sterben. Patty war gerade zu meinem liebsten Abschnitt im *Herr der Ringe* gekommen, als mein Herz stillstand. Einen Augenblick lang hatte ich Angst, als ich merkte, was geschah, und Patty hörte auf zu lesen, als ob ich eine mentale Botschaft oder dergleichen geschickt hätte. Sie schaute mich auf eine Art und Weise an, die ich bei ihr noch nie gesehen hatte, und dann wurde mir klar, daß sie das schon einmal gesehen hatte. Ein sanfter wissender Schimmer in ihren Augen sagte: »Geh' in Frieden in die Arme Gottes.« Sie legte ihre Hand auf meine Brust, wir sahen uns schweigend an, und für ein oder zwei Augenblicke übermannte mich die Schwärze.

Da war ein gewaltiges Licht! Ich war frei! Ich spürte eine große Befreiung von meinen Schmerzen und begann über meinem Körper zu schweben, während ich alles im Raum beobachtete. Ich sah meinen erschöpften, gebrechlichen Körper auf dem Bett liegen mit Pattys Hand auf meiner Brust. Sie schlug langsam ihr Buch zu und blieb still sitzen. Erst dann weinte sie ein wenig, aber ihre Tränen waren Tränen der Freude über meine Freiheit ... und ihre Haltung schien voller Ehrerbietung für mein Leben. Und ich beobachtete die gesamte Szene!

Während ich sachte davonschwebte, sah ich ihre astralen Flügel, und mir wurde klar: So, wie ich mit meinem Ableben der Erde irgendwie die Ehre erwiesen hatte, so ehrte sie die

Erde mit ihren Engelsdiensten. Ihr Körper leuchtete buchstäblich in der Rolle, die sie ausfüllte, und ihr Kopf schien von einem Regenbogen umgeben. Mein Engel war tatsächlich ein Engel ... zumindest ein irdischer Engel! Als der Raum verschwand, fiel mir ein, daß ich Patty noch nicht gesagt hatte, wie sehr ich die Zeit ihres Dienstes und die Arbeit schätzte, mit der sie mein Sterben erträglich gemacht hatte. Dankbarkeit für sie überflutete mich, aber vielleicht zu spät! Wußte sie von meinem Dank für all denTrost, den sie mir gegeben hatte? Das Gefühl überwältigte mich bei dem Gedanken, daß gerade der Mensch, der mir am meisten in meinem ganzen Leben geholfen hatte, nie von mir in Worten gehört hatte, wie dankbar ich ihm war. Dann sah ich die anderen um mich herum und verstand alles. Ich war jetzt von Frieden erfüllt. Patty wußte es. Ich weiß nicht wie, aber sie wußte, wie dankbar ich war, auch wenn ich jetzt fortgegangen war. Ich sah, wie sie ihre geöffnete Hand erhob und mir ihr Gesicht zuwandte, als ob sie mich tatsächlich sehen konnte! Winkte sie mir zu? Die surreale Szene begann zu verschwimmen, und meine neue Umgebung begann Gestalt anzunehmen. Es war Zeit zu gehen.

Patty saß einen Augenblick lang still neben meinem Körper, wobei sie ihre Hand und ihr Gesicht zur Decke erhoben hatte. Sie hatte all das schon einmal erlebt. Sie spürte, wie die Essenz des Lebens ihren Freund auf dem Bett verließ, und sie wartete einen Augenblick lang auf das, was folgte. Sie wurde von einer Woge himmlischer Liebe erfaßt. Das Gefühl im Zimmer war so dicht wie ein Schleier aus warmem Nebel, erfüllt mit der Dankbarkeit vieler für das, was sie getan hatte. Deswegen weinte sie in diesem Augenblick selten vor Trauer, denn wie könnte jemand bei einem solch ehrenvollen Geschehen von Trauer erfüllt sein? Die Trauer um den Verlust würde später kommen, doch jetzt saß Patty auf dem Ehrenplatz und feierte das Leben dessen, dem sie geholfen hatte. Niemand kam herein. Sie fühlte die Liebe, den Dank und die Dankbarkeit aller himmlischer Wesen in Gottes Schatzkammer, die sich versammelt hatten, um ihre Hände auf sie zu legen. Patty verstand, was geschah, und blieb ruhig und gelassen, während sie ihre Geschenke der Dankbarkeit erhielt.

Patty fühlte sich erneuert. Sie stand langsam auf und bedeckte das Gesicht ihres Freundes sanft mit dem drei Tage alten Bettuch. Sie erhob sich und machte sich auf den Weg zum Büro des Krankenhauses, wo sie am selben Abend den Namen ihres nächsten todkranken Patienten entgegennehmen würde – einem Menschen, mit dem sie beim Vorlesen zusammensein würde bis zum Ende, wenn sie wieder die Salbung der Dankbarkeit empfangen würde und die unglaubliche Woge der Liebesenergie von den himmlischen Wesen, die für solche Dinge zuständig sind. Patty verstand, daß ihr Erlebnis dem am nächsten kam, was ein menschliches Wesen auf Erden von Gott erfahren konnte... und sie freute sich über die Gelegenheit, das alles wieder zu tun.

Lee Carroll ist Autor der Kryon-Buchreihe, einer von Liebe erfüllten Folge von Arbeiten, die von den guten Nachrichten für den Planeten Erde künden. Diese Bücher findet man überall auf dem Planeten in esoterischen Läden. Sie sind eine Quelle für neue Hoffnung geworden, während wir uns auf die Ungewißheit des nächsten Jahrtausends zubewegen. Sein neuestes Werk ist The Parables of Kryon.

Alan Cohen

Ich liebe meine Wand

Nach unserem Besuch des »Pizza Hut«, des Einkaufszentrums und eines Filmes fuhr ich an einem Samstagnachmittag mein zehn Jahre altes Patenkind Samantha zum neuen Zuhause ihrer Familie. Nachdem wir von der Fernstraße auf eine unbefestigte Straße abgebogen waren, wurde mir das Herz schwer, als ich sah, daß sie und ihre Eltern auf einem Acker in einem alten Schulbus wohnten.

Samantha zeigte mir die Behausung ihrer Familie, und ich war traurig, daß dieses kleine Mädchen, das ich so sehr liebte, in einer derart schäbigen Umgebung aufwuchs. Mein schmerzlicher Blick fiel auf rostige Schweißnähte an den Metallwänden, gesprungene Fensterscheiben und ein undichtes Dach, und mir wurde klar, daß ihre Familie sich auf dem Existenzminimum befand. Ich wollte sie aus dieser mißlichen Lage befreien.

Samantha sah mit ihren großen braunen Augen an mir hoch und fragte mich: »Möchtest du mein Zimmer sehen?«

»Okay,« antwortete ich zögernd.

Das Kind nahm mich bei der Hand, und wir betraten eine behelfsmäßige Treppe, die zu einem kleinen hölzernen Aufbau führte, der auf das Dach des Busses gesetzt worden war. Ich schauderte, als ich sah, daß ihr Zimmer in demselben Zustand war wie die restliche Unterkunft, eben gerade noch bewohnbar. Beim Umherschauen bemerkte ich ein einigermaßen attraktives Element in ihrer Behausung, einen bunten Wandteppich, der einen Winkel des Zimmers bedeckte, den man Wand nennen konnte.

»Wie findest du es, hier zu wohnen?« fragte ich und erwartete eine bedrückte Antwort.

Zu meiner Überraschung begann Samanthas Gesicht zu strahlen. »Ich liebe meine Wand!« kicherte sie.

Ich war perplex. Samantha meinte es ernst. Sie fühlte sich wegen dieser bunten Wand tatsächlich wohl an diesem Ort. Das Kind fand inmitten der Hölle einen Hauch von Himmel, und darauf richtete sie ihre Aufmerksamkeit. Sie war glücklich.

Ich fuhr staunend nach Hause. Diese Zehnjährige nahm ihr Leben mit dankbaren Augen wahr, und das war von entscheidender Bedeutung. Ich fing an, über all das in meinem Leben nachzusinnen, worüber ich mich beklagt hatte. Mir wurde klar, daß ich so sehr mit dem beschäftigt war, was ich nicht hatte, daß ich das, was ich hatte, ganz vergaß.

Während meine Aufmerksamkeit dem rostigen Metall galt, hatte ich einige bunte Wandteppiche übersehen. Ich machte Samanthas Satz zu meiner Meditation: »Ich liebe meine Wand!«

Dankbarkeit ist nicht das Ergebnis dessen, was uns widerfährt. Sie ist eine Einstellung, die wir durch Übung kultivieren. Je mehr es gibt, wofür wir dankbar sind, desto mehr werden wir finden, wofür wir dankbar sein können. Ich habe von einer Frau namens Sarah gehört, die nach einem Unfall schwer depressiv in einem Krankenhausbett lag, ohne ihren Körper bewegen zu können, mit Ausnahme des kleinen Fingers einer Hand. Dann beschloß Sarah, von dem Gebrauch zu machen, was sie hatte, anstatt das zu beklagen, was ihr fehlte. Sie begann den einen Finger zu segnen und entwickelte mit Hilfe des kleinen Fingers ein System der Verständigung durch »ja« und »nein«. Sarah war dankbar dafür, daß sie sich mitteilen konnte, und sie fühlte sich glücklicher. Ihre Flexibilität nahm zu, indem sie ihre Bewegung segnete. Bald konnte Sarah ihre Hand bewegen, dann ihren Arm und schließlich ihren ganzen Körper. Die Änderung begann mit der kritischen Umstellung vom Beklagen zum Segnen.

Harville Hendricks Buch *Getting the Love You Want* ist ein beliebtes Handbuch für Beziehungen geworden. Der erste Schritt zu der Liebesbeziehung, die Sie sich wünschen, besteht darin, »die Liebesbeziehung wertzuschätzen, die Sie haben. Das Universum gibt Ihnen immer mehr von dem, worauf Sie Ihre Aufmerksamkeit richten.« Jesus lehrte: »Dem der hat, soll mehr gegeben werden. Dem der nicht hat, soll noch mehr genommen werden.« Jesus erläuterte damit ein äußerst wichtiges metaphysisches Prinzip, den

Schlüssel zur Verwirklichung von Fülle. Jesus lehrte, daß es wichtig ist, sich auf das zu konzentrieren, was wir haben oder wollen, statt auf das, was uns fehlt oder was wir nicht wollen.

Wir können jede Erfahrung auf zwei Arten betrachten: mit den Augen des Mangels oder mit den Augen der Fülle. Furcht erblickt Grenzen, während Liebe Möglichkeiten sieht. Jede Einstellung wird durch das Glaubenssystem gerechfertigt werden, das Sie bevorzugen. Wenn Sie Ihre Bindung an die Furcht aufgeben und sich der Liebe zuwenden, dann wird Liebe Sie erhalten, wo immer Sie gehen. In *Ein Kurs in Wundern* heißt es: »Bei einem dankbaren Herzen und einem dankbaren Geist kann die Liebe nicht weit weg sein ... Das sind die wirklichen Voraussetzungen für Ihre Heimkehr.«

Alan Cohen ist der Autor von zehn beliebten, inspirierenden Büchern, darunter die Klassiker Es gibt hier keinen Drachen mehr *und* Wiedergefunden!. *Er schreibt auch an der Bestseller-Serie* Hühnersuppe für die Seele *mit. Seine Kolumne »From the Heart« erscheint in vielen Zeitungen und Zeitschriften des »Neuen Denkens«. Cohen bietet auf internationaler Ebene Seminare an und lebt auf Maui, Hawaii, wo er Programme zum spirituellen Erwachen und visionären Leben leitet. Sein neuestes Buch heißt* A Deep Breath of Life: Daily Inspirations for Heartcentered Living.

Lee Coit

Die Geschenke der Dankbarkeit

Bei Dankbarkeit denken wir an anerkennende Worte oder Taten, womit wir uns für die Freundlichkeit anderer revanchieren. Es gehörte früher zu meiner Ausbildung, immer Danke zu sagen, auch wenn ich in Wirklichkeit gar nicht dankbar war. Danken kann eine automatische Reaktion auf jede Situation werden, die uns Nutzen bringt, und oft tut man es, ohne sich der günstigen Wirkungen bewußt zu sein. Wie am Thanksgiving Tag (amerikanisches Erntedankfest am 4. Donnerstag im November, A. d. Ü.) kann Dankbarkeit so stilisiert werden, daß die wahre Bedeutung verlorengeht. Ebenso wie die Frage »Wie geht's?« keine wirkliche Frage sondern ein Gruß ist, kann »danke schön« eine liebenswürdige Floskel zur Beendigung einer zwischenmenschlichen Begegnung werden.

Welche Geschenke können wir erwarten, wenn wir dankbar sind? Eine uralte spirituelle Lehre sagt uns: »Geben und

Nehmen ist dasselbe.« Wenn das so ist, was bringt uns dann Dankbarkeit? Erstens hat Dankbarkeit eine große regenerierende Kraft. Schon vor langem habe ich herausgefunden, daß Dankbarkeit für das, was ich hatte, mir über mein Selbstmitleid hinweg half. Anerkennung für andere hob immer auch mein eigenes Glücksgefühl. Wann immer ich das Gefühl hatte, nicht geschätzt zu werden, begann ich, alle wundervollen Dinge aufzuzählen, die mir in letzter Zeit widerfahren waren, und meine Freude kehrte zurück. Dankbar zu sein für das, was ich habe, ist auch eine wirksame Methode, um ein Gefühl von Verlust zu überwinden. Wenn ich mir all der Liebe bewußt bin, die ich empfange, kann ich meine Probleme schnell vergessen. Dankbarkeit ist hervorragend geeignet, meine Aufmerksamkeit von negativen Situationen abzuziehen und sie auf das zu richten, was in Ordnung ist. Ob meine Dankbarkeit der göttlichen Quelle gilt oder meinen Freunden, macht keinen Unterschied. Allein schon, daß ich mir dessen bewußt bin, was ich bekomme, und der aktive Ausdruck meiner Dankbarkeit schaffen das erwünschte Glücksgefühl.

Als zweites stellte ich fest, daß ich meine gegenwärtige Freude erweitern konnte, indem ich mit Dankbarkeit an Menschen und Ereignisse aus meiner Vergangenheit dachte. Ich muß immer lächeln, und mein Herz füllt sich mit Freude, wenn ich voll Liebe an meine wundevollen Freunde und an die schöne Zeit mit ihnen denke. Ich habe im Laufe der Jahre festgestellt, daß ich in der Gegenwart umso glücklicher bin, je mehr Dankbarkeit ich gegenüber der Vergangenheit empfinde. Es ist leicht, mit Dankbarkeit in einen Zustand der Freude zu kommen, wenn ich angenehme Erinnerungen habe, aber ich schließe auch die unangenehmen Erinnerungen nicht von meiner Dankbarkeit aus. Es ist vielleicht schwerer, denen gegenüber dankbar zu sein, die uns vermeintlich verletzt haben, aber es ist sehr wirksam zur Heilung der Vergangenheit. Ich nenne das bedingungslose Dankbarkeit. Bedingungslos bedeutet, daß wir uns allen gegenüber dankbar zeigen, unabhängig davon, ob sie es unserer Meinung nach verdienen oder nicht.

Mir hilft es, wenn ich mich nur an die guten Eigenschaften eines Menschen erinnere und die anderen Gedanken loslasse. Ich kann bei jedem etwas finden, wofür ich wirklich dankbar bin. Ich habe sogar mit der Idee gearbeitet, daß diese Leute zumindest aus meinem Leben verschwunden sind. Dann befreie ich meine Wünsche und Vorstellungen davon, wie sie sich hätten verhalten sollen und versuche, an eine ihrer guten Eigenschaften zu denken. Auch wenn es nur etwas Kleines ist, halte ich diesen Gedanken fest und lasse die anderen Erinnerungen verblassen. So fiel mir zum Beispiel auf, daß wir jedesmal, wenn ich mit einer bestimmten Person zu Mittag aß, einen angenehmen Ort aufsuchten. Täglich stelle ich mir diesen Menschen vor und versuche, eine neue positive Qualität hinzuzufügen. Wenn ich an dem jeweiligen Tag keine neue Qualität hinzufügen kann, gehe ich zu einer alten zurück. Ich mache das so lange, bis ich ohne Widerwillen an diesen Menschen denken kann. Ehe man es merkt, geschieht etwas Überraschendes.

Zuerst muß ich mich vielleicht abmühen, um eine Kleinigkeit zu finden, für die ich dankbar bin. Doch ich bin unverdrossen, und es tauchen allmählich weitere gute Eigenschaften auf. Es können Eigenschaften sein, die ich nicht mag, aber vielleicht mögen andere sie. Wenn ich weiter nach guten Eigenschaften suche, beginne ich nach einer Weile zu erkennen, wie mir andere Menschen in der Vergangenheit genützt haben. Auch wenn sie nicht versucht haben, mir zu helfen, öffnet mir meine Dankbarkeit doch so weit die Augen, daß ich ein echtes spirituelles Geschenk erkennen kann. Solch ein Geschenk erweitert das Bewußtsein meiner wirklichen spirituellen Natur. Es macht nichts, wenn Sie nicht erkennen können, ob diese Menschen Ihnen auf der menschlichen oder weltlichen Ebene geholfen haben. Oder wenn sie sich niemals so zu verändern scheinen, wie wir es gerne hätten. Es ist wichtig, daß Sie mit Ihren Gefühlen aufrichtig sind und nicht blockieren oder so tun, als ob alles in Ordnung sei, wenn es nicht so ist.

Um das spirituelle Geschenk zu erkennen, befreie ich meine Vorstellungen davon, wie die Dinge sein sollten. Es ist hilfreich, Fragen zu stellen: »Wie hat dieser Mensch mir geholfen, mir meiner spirituellen Natur bewußter zu werden? Wie haben seine Handlungen mich in eine bestimmte Richtung geführt, die für mein spirituelles Wachstum nützlich war? Auch wenn sein Handeln meinem menschlichen oder körperlichen Wesen schaden sollte, wie hat es mein spirituelles Wesen erweitert oder unterstützt?« Wie Sie sehen, sind das schwere Fragen. Man mag den Wunsch haben, andere in einem Netz von Vorwurf und Schuld gefangenzuhalten. Bedingungslose Dankbarkeit mag sich in solchen Situationen zunächst anfühlen, als ob wir Leute, die wir nicht mögen, »vom Haken lassen«. Ich kann Ihnen aus meiner eigenen Erfahrung versichern, daß wir uns selbst vom Haken lassen. Dankbarkeit befreit wie ihre Schwester, die Vergebung, zuallererst denjenigen, der sie schenkt. Dankbarkeit bringt Freiheit in das Gefängnis von Haß und Rache, das wir uns selbst auferlegt haben. Das Gefühl erlittenen Unrechts ist das Gitter unseres Gefängnisses. Bedingungslose Dankbarkeit läßt diese Gitterstäbe schmelzen. Haß sperrt uns nicht nur in eine winzige Zelle von Selbstmitleid, er hält auch diejenigen draußen, die Liebe in unser Leben bringen wollen. (Haß umfaßt alles von der Wut bis hin zu dem scheinbar unschuldigen Wunsch, jemandem aus dem Wege zu gehen.) Wenn wir unsere Vergangenheit in Dankbarkeit loslassen, ermöglichen wir unserer Gegenwart das, was sie sein könnte.

Schließlich ist das wundervollste Geschenk, das uns die bedingungslose Dankbarkeit macht, Klarheit und Einsicht. Wenn ich bedingungslose Dankbarkeit zeige, beginne ich zu erkennen, daß alles zu meinem Segen ist. Ich kann nicht wirklich erklären, wie das geschieht. Es geschieht eben. Es ist für unsere weltlichen Denkabläufe nicht nachvollziehbar. Allein die aktive, bedingungslose Dankbarkeit bringt die phantastischen Ergebnisse des klaren Erkennens. Indem ich meine Dankbarkeit immer weiter in Vergangenheit und Gegenwart ausdehne, beginne ich zu erkennen, daß alles tatsächlich in Harmonie lebt. Ich merke, daß ich alles, was ich als schädlich und ungerecht beurteilt hatte, in Wirklichkeit nur falsch verstanden habe, falsch beurteilt aufgrund meiner sehr begrenzten Wahrnehmung.

Die menschliche Wahrnehmung scheint mächtig zu sein. Sie kommt aus der begrenzten Vorstellung von uns selbst. Aus dem Blickwinkel eines begrenzten und abgetrennten Wesens schauen wir auf eine Welt, die von Gefahr und Schmerzen erfüllt ist. Wenn wir uns weigern, diese Wahrnehmung zur Grundlage unseres Handelns zu machen, und erkennen wollen, was in unserem Leben spirituell geschieht, kommen wir zu einer ganz anderen Sichtweise. Wir beginnen die verbindenden und sich gegenseitig unterstützenden Bezüge der Wirklichkeit zu erkennen. Wir nehmen den spirituellen

Tanz wahr, an dem wir alle teilnehmen. Es ist wichtig, daß man den Tanz nicht entschlüsselt, sondern ihn einfach zuläßt und sich zu seinem Rhythmus bewegt. Bedingungslose Dankbarkeit befreit uns von Streß und Schmerzen, anstatt die Situation kontrollieren zu wollen. Bedingungslose Dankbarkeit setzt an die Stelle unserer Frustration den Frieden, die Freude und das Glück, die von Natur aus unser sind.

Vor fast 20 Jahren fing Lee Coit an, nach Antworten für seine Schmerzen und seine Frustration zu suchen. Er beschloß, sich ein ganzes Jahr dieser Suche zu widmen, und entdeckte als Ergebnis ein inneres Leitsystem. Seit dieser Zeit folgt er bei allen Entscheidungen dieser inneren Stimme. Dieser Weg führte ihn zu einem friedlichen und glücklichen Leben. Er schrieb einige Bestseller, u. a. Hören und Annehmen *und hielt Vorträge und Seminare in den Vereinigten Staaten und in Europa. Fast zehn Jahre lang leitete er das »Las Brisas Retreat Center«. Sein dramatischer Wandel von einem vielbeschäftigten Manager in der Werbebranche zu einem zufriedenen und glücklichen spirituellen Menschen gibt Anlaß zur Hoffnung für jeden, der eine bessere Art zu leben sucht.*

Terah Kathryn Collins

Der Kreis der Dankbarkeit

Dankbarkeit auszudrücken habe ich durch die Beobachtung anderer Menschen gelernt. Anfangs war ich darin nicht sehr gut. Ich vergaß es oft oder war dazu nicht in der Stimmung. Außerdem nahm ich an, die Leute würden es nicht merken, wenn ich nicht dankbar war. Es war, wie wenn man ein Geschenk macht, mit dem sie gar nicht gerechnet hatten. Doch wenn meine Stimmung gerade richtig war und ich jemanden mit einem aufrichtigen »Dankeschön« erfreute, geschah immer etwas Magisches. Eine Welle der Freude schoß durch meinen Körper, die mich magnetisch mit der anderen Person verband. Ich dachte immer öfter daran, dankbar zu sein.

Ich probiere gern verschiedene Arten aus, meinen Dank auszudrücken, um zu sehen, wie sie sich anfühlen. Andere mit einem »Dankeschön« zu überraschen, macht viel Spaß. Ihre Gesichter hellen sich auf, und wir lachen und halten uns für einen Augenblick an den Händen. Dankbarkeit verbreitet ein rosiges Licht über mein ganzes Leben. Je dankbarer ich für alles in meinem Leben bin, desto mehr Gründe zur Dankbarkeit finde ich. Da gibt es die großen Dinge wie meinen »Stamm« oder meine Freunde und meine Familie. Und es gibt die persönlichen Dinge wie meine gute Gesundheit und meine wunderbare Karriere. Die Dankbarkeit reicht bis zu den kleinen Dingen – das frische Blumengesteck, die Schale mit Orangen, das Feuer im Kamin. Auf was man die Dankbarkeit auch richtet, sie läßt es wachsen!

Heißt das, daß ich, weil ich heute für das Essen auf meinem Tisch dankbar bin, bald für alle anderen im Ort, in der Gegend und in der Welt Dank sagen werde, daß alle reichlich zu essen haben? Könnte es sein, daß ich deswegen, weil ich dankbar bin für den Frieden, der in meiner Nachbarschaft herrscht, bald die Gelegenheit haben werde, für den Frieden auf der ganzen Erde dankbar zu sein?

Ich habe mich für JA entschieden. Der Kreis der Dankbarkeit wird jeden Tag größer. Ein dankbarer Gedanke, und Sie sind dabei. Und dann können Sie beobachten, wie der Kreis stetig wächst.

Terah Kathryn Collins praktiziert, lehrt und hält Vorträge über Feng Shui, die chinesische Kunst der richtigen Ortswahl, in San Diego. Sie hat sich darauf spezialisiert, anderen beizubringen, mit ihren »Feng Shui Augen« zu sehen und damit ein Leben in optimaler Harmonie, Annehmlichkeit und Gleichgewicht zu führen. Sie ist die Autorin des Buches The Western Guide to Feng Shui: Creating Balance, Harmony, and Prosperity in Your Environment.

Tom Costa

Dankbarkeit: die lebensnotwendige Essenz

Meine dankbare Haltung hat sich die letzten sieben Jahrzehnte meines Lebens hindurch entwickelt.

Meine tiefen Gefühle für das spirituelle Privileg, dankbar sein zu dürfen, wurden gleich zu Beginn meiner Arbeit als Pfarrer im Jahre 1974 auf die Probe gestellt. Ich beriet einen Mann, der völlig unglücklich war. Dieser Mann erfeute sich guter Gesundheit, spielte täglich Tennis, war finanziell erfolgreich und liebte seine Arbeit. Ich hatte gerade für ihn und seine neue hingebungsvolle Frau die Trauungsfeier abgehalten. Zudem hatte er auch aus seiner vorhergehenden Ehe eine liebevolle Familie. Doch obwohl jeder Bereich seines Lebens – Gesundheit, Wohlstand, Liebe und Arbeit – erfüllt zu sein schien, war er *immer noch* unglücklich.

Als neuer Pfarrer war ich ratlos. Wofür konnte ich hier beten? Wie konnte ich ihm helfen, sich aus dieser Depression zu befreien? Im Verlauf unserer Sitzungen kam zum Vorschein, daß es diesem Mann an Dankbarkeit fehlte. Er bedankte sich nie für seine Gesundheit, für seinen Wohlstand, für seine Kinder, für sein Haus oder für das Leben selbst. Er nahm alles für selbstverständlich. Das inspirierte mich dazu, mehr über diese nebelhafte, aber wichtige Essenz unseres Lebens herauszufinden: *Dankbarkeit.*

Ich erinnere mich noch genau, wie ich vor Jahren die sogenannte Fünfte Stufe des zwölfstufigen Programms der Anonymen Alkoholiker durchführte. Bei der Fünften Stufe hört sich jemand, etwa ein Geistlicher, den Lebensbericht des Alkoholikers bis zu der Zeit an, als er sich seinen Alkoholismus eingestand. Eine junge Dame bemerkte mir gegenüber: »Man kann nicht zugleich dankbar und unglücklich sein.«

Ich war zu der Zeit wahrscheinlich 40 Jahre älter als sie, aber ich war spirituell überwältigt. Ich hatte diesen »Einzeiler« noch nie gehört, und er klang überzeugend! Seitdem habe ich diesen Gedanken in meinem geistlichen Amt allenthalben verwendet – im Unterricht, in Seminaren und in meinem Privatleben. *Man kann nicht zugleich dankbar und unglücklich sein.* Beides zugleich ist tatsächlich gefühlsmäßig unmöglich.

Während ich über diesen Satz nachdachte, fiel mir meine katholische Erziehung und der Rosenkranz ein. Ich persönlich habe jetzt das, was ich einen geistigen *Rosenkranz der Dankbarkeit* nenne. Ich zähle die »Perlen« oft morgens bei meinen Meditationen und Gebeten. Dann führe ich *meine* Segnungen an, und nicht die anderer.

Diese Zeit der Dankbarkeit in meinem Leben erscheint nicht nur am vierten Donnerstag des Novembers. Eine solche Zeit des Dankens lege ich jeden Tag ein. Ich habe so viele Perlen zu zählen ... Perlen, die für Menschen stehen, die mir geholfen haben. Oder Perlen, die für Menschen stehen, die mir nicht geholfen haben (denn das hat mich in jeden Bereich meines Lebens stärker gemacht). Da gibt es Perlen, die für nahe, enge Freunde stehen, für meine Familie. Perlen für meine Gesundheit, meinen Körper, meine Sinnesorgane und für mein Zuhause, das ich genieße und liebe. Ich danke meinen Haustieren, die mich täglich bedingungslose Liebe lehren. Ich danke für die Fähigkeit, meine Gedanken, meine Auffassungen und meinen Weg wählen zu können.

Nehmen Sie sich jeden Tag einen Moment Zeit, um sich dankbar zu zeigen für alles, was Sie sind und für alles, was Sie nicht sind. Seien Sie dankbar für alles, was Sie haben und für alles, was Sie nicht haben.

DENKEN SIE DARAN: MAN KANN NICHT DANKBAR UND UNGLÜCKLICH ZUGLEICH SEIN!

Dr. Tom Costa ist der Gründer der »Religious Science Church of The Desert« in Palm Desert, Kalifornien, und gehört gegenwärtig dem Direktorium der »Religious Science International« an. Seine Beliebtheit als öffentlicher Redner hat dazu geführt, daß er öfters im Fernsehen aufgetreten ist, aber auch Vorträge und Seminare in den Vereinigten Staaten, in Kanada und in England abgehalten hat. Costa ist der Autor des Buches Life! You Wanna Make Something Out of It?

Sri Daya Mata

Worte der Dankbarkeit

Dankbarkeit ist eine Qualität, die unermeßlich viel zu unserem Glück beitragen kann, denn sie ist ein wesentlicher Aspekt der Liebe. Sie bringt uns tatsächlich näher an die höchste Quelle aller Liebe heran.

Wenn ich auf die vielen Jahre zurückblicke, die ich in der Gegenwart von Paramahansa Yogananda verbringen durfte, erinnere ich mich, wie oft er uns aufforderte, daß wir uns angewöhnen sollten, die guten Dinge des Lebens zu schätzen – und auch die kleinen Dinge nicht für selbstverständlich zu nehmen. Je mehr wir Gott gegenüber unsere liebevolle Dankbarkeit für die empfangenen Wohltaten, ob groß oder klein, ausdrücken, desto mehr werden wir im Einklang mit dem Unendlichen sein und uns seiner Liebe für uns bewußt werden. Außerdem können die göttlichen Gesetze der Fülle viel umfassender in unserem Leben wirken, wenn wir dem, der hinter den segensreichen sprituellen und materiellen Gaben steht, Anerkennung und Hochachtung erweisen. Es lohnt sich sehr, das Gute in jedem Augenblick, in jeder Erfahrung zu erkennen und mit dankbarem Herzen auf den zu schauen, der uns das alles schenkt.

Wie können wir eine solche Dankbarkeit entwickeln? Eine Möglichkeit besteht darin, uns mit irgendeinem Umstand in unserem Leben zu befassen, für den wir wirklich dankbar sind. Es muß kein bedeutsames Erlebnis sein. Eine kleine Wohltat, die wir erfahren haben, oder ein Lächeln, das uns geschenkt wurde und unser Herz leicht machte, genügt. Die Erinnerung an solche Erlebnisse hilft uns, ein Bewußtsein der Dankbarkeit zu entwickeln.

Sagen Sie innerlich: »Danke Dir, mein Gott«, so oft Ihnen eine solche Gnade widerfährt. Diese einfache Übung bringt weitreichende Ergebnisse, denn wenn man sich mit etwas Gutem befaßt, wird es zunehmen. Was wir in unserem Geist bewegen, spiegelt sich bald in unserem äußeren Verhalten wider. Deswegen verleiht ein tiefes Gefühl der Dankbarkeit unserem Leben und dem Leben der Menschen, mit denen wir zusammen sind, Würde.

Manchmal verbirgt sich der größte Anlaß zur Dankbarkeit in den Herausforderungen, denen wir begegnen, denn sie tragen dazu bei, daß wir stärkere und mitfühlendere Menschen werden. Der Gedanke, mitten im Unglück Gott zu danken, ist sehr schön. Die heiligen Schriften des Ostens wie des Westens nehmen oft darauf Bezug. Darüber hinaus repräsentiert er den wahrhaftigsten Standpunkt, den wir einnehmen können. Auch die höchsten und schönsten Freuden dieses Lebens haben zwangsläufig ein Ende. Aber Gottes Wohlwollen für uns ist ewig, und wenn wir uns ihm mit einem leisen Wort des Dankes zuwenden – ob aus Freude oder aus Trauer –, dann fangen wir an über das Hin und Her der irdischen Existenz hinauszuwachsen und unser Leben in einer Liebe zu verankern, die für immer andauern wird.

Sri Daya Mata ist eine der frühesten und engsten Schülerinnen von Paramahansa Yogananda, dem Autor des spirituellen Klassikers Autobiographie eines Yogi. *Sie arbeitet seit 40 Jahren als Präsidentin der »Self-Realization Fellowship«. Das ist die internationale gemeinnützige religiöse Gesellschaft, die 1920 von Yogananda gegründet wurde, um seine universellen Lehren zu verbreiten, die von Indiens uralter Wissenschaft des Yoga und dessen altehrwürdiger Tradition der Meditation handeln. Kurz nach ihrer Begegnung mit Yogananda im Jahre 1931, wurde Sri Daya Mata Nonne des Mönchsordens der Selbstverwirklichung. Mehr als 20 Jahre lang bereitete Yogananda sie persönlich darauf vor, seine spirituelle und humanitäre Arbeit fortzuführen. Als eine der ersten Frauen, die in letzter Zeit zum spirituellen Oberhaupt einer weltweiten religiösen Bewegung ernannt wurde, hat Sri Daya Mata mehrere Vortragsreisen um die ganze Welt gemacht. Sie ist auch Autorin zweier Anthologien –* Only Love *und* Finding the Joy Within You.

Amy E. Dean

Dankbarkeit ist Bewußtheit

Es gibt eine Geschichte von einem spirituellen Lehrer, dessen tägliche Predigten kraftvoll und inspirierend waren. Er verwandte viele Stunden der Vorbereitung auf die Gestaltung dieser Botschaften der Hoffnung, der Liebe, der Vergebung und der Freude. Eines Morgens konzentrierte sich der Lehrer noch auf den Inhalt seiner Predigt, bevor er aufstand, um sie zu halten, und er wußte, daß diese wahrscheinlich die beste von allen werden würde. Er dachte an die Zeit, die er aufgewandt hatte, um die Worte der Hoffnung und des Friedens aufzuschreiben und zu ändern, und er war zuversichtlich, daß viele von dieser Weisheit berührt sein würden. Lächelnd erhob sich der Lehrer und blickte auf die Menschen, die sich versammelt hatten, um die Botschaft des Tages zu hören.

In diesem Augenblick kam ein kleiner Vogel und setzte sich auf die Fensterbank. Er begann einige Minuten lang aus vollem Herzen zu singen. Dann flog er weg. Der Lehrer schwieg einen Moment lang, faltete die Seiten seiner vorbereiteten Predigt zusammen und gab bekannt: »Die Predigt des heutigen Morgens ist beendet.«

Für mich spiegelt diese Geschichte das Wesen der Dankbarkeit wider: In der Lage zu sein, die Spontaneität jedes Augenblicks zu erleben und anzunehmen, ohne sie zu suchen oder zu erwarten. Doch wie oft lassen Sie das zu? Die verrückte Hast des Lebens, der verrückte Druck, irgendwo hinzugehen und Leute zu treffen, und die verrückt machende Flut von Problemen, die zu lösen sind, und von Konflikten, die tagtäglich beigelegt werden müssen, können schon vergessen lassen, daß die Welt um uns herum voller Wunder ist.

Ich muß mir jeden Tag in Erinnerung rufen, daß Dankbarkeit soviel ist wie Bewußtheit. Mein Tag beginnt mit einem morgendlichen Dauerlauf auf dunklen Straßen. Meine Aufmerksamkeit ist oft in viele Richtungen geteilt. Ich muß auf die schwach beleuchtete Straße achtgeben, damit ich mir nicht den Fuß verstauche. Gleichzeitig organisiere ich meinen Tag. Bevor ich von der Dankbarkeit erfuhr, nahm ich mir beim Laufen selten die Zeit, den Himmel über mir zu beachten – einen Nachthimmel, mit leuchtenden Sternen und der ständig wechselnden Stellung des Mondes. Eines Morgens jedoch sah ich zufällig hoch und erblickte eine Sternschnuppe. Die Wirkung, die dieser flüchtige Moment auf mich hatte, war unglaublich. Ich lächelte. Ich fing an schneller zu laufen. Ich schaute mich um und bemerkte noch mehr Schönheit – die Silhouetten der Bäume, die sich vom indigoblauen Hintergrund des Himmels abhoben, das Glitzern der Glimmerplättchen in den Felsen, die von den

Straßenlaternen angestrahlt wurden, die gurgelnden Geräusche des Wassers, das in einem Bach neben der Straße fließt. Den ganzen Tag über erzählte ich meinen Freunden von der Sternschnuppe, die ich gesehen hatte. Als ich am nächsten Tag zu meinem Lauf aufbrach, war ich bereit, sowohl auf die Straße zu schauen, als auch meine Aufmerksamkeit von Zeit zu Zeit auf die Umgebung oder nach oben zu richten.

Seitdem habe ich zwei weitere Sternschnuppen gesehen. Auch den Schrei einer Eule habe ich gehört, und ich habe erlebt, wie die Wolken von sanften Brisen beiseite geschoben wurden. Solche sinnlichen Erfahrungen erwecken in mir ein Gefühl, das mich an Alice Walkers *Die Farbe Lila* erinnert, wenn ihre Hauptfigur in ihrem Tagebuch berichtet: »Ich war so beschäftigt … ich nahm nie etwas wirklich wahr von dem, was Gott geschaffen hat. Nicht einen Maiskolben (wie macht er das?), nicht die Farbe Lila (wo kommt sie her?). Nicht die kleinen Wildblumen. Nichts.«

Wie oft nehmen Sie sich die Zeit, die Wunder der natürlichen Welt wahrzunehmen – den Regenbogen nach dem Sturm, das Herumtollen der Vögel um Ihren Futterkasten, oder den silbernen Glanz eines Vollmondes? Dankbarkeit verlangsamt Ihre Gangart, indem sie Ihre Sinne für die Welt um Sie herum öffnet, und dann spüren Sie die Auswirkungen dieser Achsamkeit auf Ihr Fühlen und auf die Art und Weise, wie Sie den nächsten Augenblick Ihres Lebens erleben.

Amy E. Dean ist Schriftstellerin und bekannt für ihre Vorträge über Selbstachtung, familiäre Beziehungen und Genesung von einer schlecht funktionierenden Vergangenheit. Sie hat eine Anzahl von Büchern geschrieben, darunter Pleasant Dreams, Lifegoals *und* Facing Life's Challenges: Daily Meditations For Overcoming Depression, Grief and »The Blues«. *Dean lebt zur Zeit in Maynard, Massachusetts.*

Wayne W. Dyer

Dankbarkeit: eines der Wunder im Leben

Eine der besten Möglichkeiten, wie man jeden Augenblick seines Lebens zu einem besonderen macht, besteht darin, seine Dankbarkeit für die Wunder unseres Lebens auszudrücken. Indem Sie Tag für Tag auf Ihrem Weg weitergehen, führen Sie in ungestörten und in wichtigen Momenten Gespräche mit Gott! Bekräftigen Sie in diesen Gesprächen lieber Ihre Bereitschaft, Ihre ganze innere Stärke einzusetzen, um Lösungen zu finden, statt um besondere Gunst zu bitten. Bitten Sie statt dessen um innere Weisheit, und danken Sie Gott für seine Hilfe.

Wenn Sie wissen, daß Sie der göttlichen Führung teilhaftig werden können, ist das mehr als eine Übung für den Sonntag morgen. Es ist ein Wissen, das von innen kommt, und das nie angezweifelt oder erschüttert werden kann, weil diese Momente sich auf die Art und Weise Ihrer Lebensführung übertragen.

Wenn Sie sich der göttlichen Gegenwart, die Sie immerzu durchströmt, bewußter werden, werden Sie feststellen, daß Sie sich mehr Zeit nehmen, um die Schönheit zu schätzen, die Sie umgibt. Wenn Sie einen Vogel, eine Blume, einen Sonnenuntergang, eine Mutter, die ihr Kind stillt, einen Schulbus mit Kindern oder einen alten Mann betrachten, öffnen Sie ihnen gegenüber Ihr Herz. Lassen Sie Ihre Liebe zu ihnen fließen, und spüren Sie, wie sie erwidert wird. Je mehr Sie sich darin üben, Liebe aus Ihrer Umgebung zu empfangen, desto mehr Energie wird Ihnen zuwachsen.

Energie steckt in allem und jedem. Diese unsichtbare Energie empfangen Sie dadurch, daß Sie die Schönheit und das Wunder unseres Universums tatsächlich zu schätzen wissen.

Mit etwas Übung werden Sie in der Lage sein, die Liebe auszusenden, die Sie schlicht und einfach dadurch empfangen, daß Sie Schönheit empfinden können. Versuchen Sie es!

Ein weiteres positives Ergebnis der Dankbarkeit besteht darin, daß Sie mehr zu geben vermögen. Wenn Sie Dankbarkeit in Ihrem Herzen haben, werden Sie eine Bereitschaft entdecken, anderen zu geben, so daß auch diese Menschen die Freuden erfahren können, die Sie empfinden. Sie werden feststellen, daß Sie einen Beitrag leisten zur Linderung der Nöte und der Bedürfnisse anderer, ohne dabei Anerkennung zu erwarten.

Es ist jedoch wichtig, zwischen Geben und Opfern zu unterscheiden. Ein Opfer ist im allgemeinen *für* etwas. Das Opfer wird nur gemacht, um etwas zu erreichen. Wenn Sie ein Opfer machen, dann geben Sie, um zu bekommen. Sie befinden sich dann in einem Ego-Mechanismus, der Sie glauben läßt, Sie seien so wichtig und besonders, daß Ihnen für Ihr Geben etwas zusteht. Ihr Ego möchte, daß Sie sich aufblasen und glauben, zu geben sei ein Zeichen für Überlegenheit – als ob Ihre Großzügigkeit Sie von den anderen abheben würde, die nicht so freigebig sind wie Sie.

Oder Sie geben, weil Sie sich verpflichtet fühlen. Auch in diesem Fall ist Ihr Ego am Werke, indem es Ihnen sagt, daß Sie viel besser sind als die Empfangenden und daß diese Ihnen dankbar sein *sollten*.

Es ist jedoch ein Unterschied, ob man gibt, um seine Intoleranz zu fördern, oder um seine Liebe durch das heilige Selbst zu nähren. Wenn Sie ein aufrichtiges Empfinden für das Geben kultivieren, das von Ihrer eigenen Dankbarkeit für die Gaben, die Ihnen gegeben wurden, herrührt, werden Sie die Erfahrung machen, daß Geben Empfangen ist und Empfangen Geben in seinem ganzen Glanz. Die Achtsamkeit auf die Bedürfnisse anderer ist eine der glückseligsten Erfahrungen, die wir machen können. Erinnern Sie sich, wie aufregend es war, Ihren Eltern, Großeltern und Geschwistern Geschenke zu machen. Die Dankbarkeit, die Sie für deren Freude empfanden, kam Ihrer eigenen Begeisterung für die empfangenen Geschenke gleich oder übertraf sie sogar. Warum? Weil Sie empfangen haben, als Sie gaben.

Sie sehen, daß es Ihr heiliges Selbst ist, das Sie in die Lage versetzt, Dankbarkeit zu empfinden und bedingungslos zu geben. Es ist Ihr Ego, das eine Belohnung haben möchte, weil es nichts anderes kennt. Gewähren Sie ihm die Erfahrung, die Liebe und die Toleranz Ihres höheren Selbst kennenzulernen, und Sie werden sich auch in Ihrem äußeren Leben entsprechend verhalten

Dr. Wayne W. Dyer ist gegenwärtig einer der meistgelesenen, international bekannten Autoren auf dem Gebiet der Selbstentwicklung. Er hat zahlreiche Bestseller geschrieben, darunter Wirkliche Wunder, Der wunde Punkt, Staying on the Path, A Promise is a Promise *und* Everyday Wisdom. *Er ist in über 5300 Fernseh- und Radioprogrammen aufgetreten. Zur Zeit lebt er in Fort Lauderdale, Florida. Dieser Aufsatz ist aus seinem Buch* Your Sacred Self *übernommen, erschienen bei HarperCollins.*

Nicholas Eliopoulos

Die Bedeutung wirklicher Dankbarkeit

Ich bin im Laufe meines Lebens meistens ein sehr dankbarer Mensch gewesen, aber erst in den letzten paar Jahren habe ich den Begriff Dankbarkeit in einer umfassenderen Bedeutung kennengelernt. Ich habe das gelebt, was manche Leute als »phantastisches Leben« bezeichnen würden. Ich hatte eine glückliche Kindheit, eine wunderbare Ausbildung, und ich bin erfolgreich in dem Beruf, den ich gewählt habe. Ich habe noch nicht alles erreicht, was ich mir vorgenommen habe, und wie die meisten Menschen erlebe ich den Kummer und die Schmerzen, die Freuden und die Heiterkeit dieses Wunders, das man »Leben« nennt, aber ich schätze mich glücklich, viele gute und liebevolle Freunde zu haben. Ich habe viel, wofür ich dankbar sein kann, doch eines Tages wurde mir klar, daß es etwas gab, was ich nicht kannte: wirkliche Dankbarkeit.

Die Bedeutung von Dankbarkeit wandelte sich für mich, als ich begann, nach der »großen Kraft allen Lebens« zu schauen – jenseits der Vorstellung von Gott, die man mir beigebracht hatte. Ein guter Freund von mir bezeichnete diese Kraft als Gott/Göttin/alles, was ist. Bis zu dieser Zeit war mir der Begriff eines Fraugotts nur aus den Geschichten von Göttinnen aus dem antiken Griechenland vertraut, die man mir als Kind beigebracht hatte. Mein Freund sprach von einer »weiblichen Kraft«, die zusammen mit Gott alles Materielle »geboren« hatte – unser stoffliches Universum. Erst als ich dieses Konzept (wobei alles »eine« Kraft ist), das als Gott/Göttin/alles, was ist bezeichnet wird, annahm und für mich überprüfte, erweiterte sich mein Begriff von Dankbarkeit enorm. Mir wurde klar, daß das weibliche Prinzip zuerst da war – daß es die Göttin war, die Gott geschaffen oder hervorgebracht hat, und daß beide zusammen ALLES, WAS IST geschaffen haben.

Ich weiß, daß das nicht in das chauvinistische, traditionelle religiöse Bild von Gott paßt. Die meisten Religionen erkennen nicht einmal eine weibliche göttliche Energie an. Und wenn sie es doch in irgendeiner Form tun, kam sie eindeutig nach Gott selbst. Ich hatte noch nie von der Idee der Göttin gehört, die Gott das »Leben an sich« gab. Unabhängig davon, ob diese Idee falsch oder richtig ist, gab sie mir allein dadurch, daß ich sie in Betracht zog, ein ganz neues Verständnis, wie echte Dankbarkeit beschaffen sein muß. Zum ersten Mal sah ich, was ich für Gottes Dankbarkeit hielt – seine Dankbarkeit gegenüber der Göttin für seine eigene Erschaffung.

In meiner Vorstellung spürte ich selbst das gewaltige Maß an Liebe und Dankbarkeit, das Gott fühlen muß. Jetzt verstand ich erst wirklich, daß das »Leben an sich« ein Geschenk ist. Aus diesem Verständnis floß eine kolossale Dankbarkeit.

Ich dachte, wenn ich dieselbe Dankbarkeit für mein Leben empfinden könnte, die Gott für sein eigenes Geschenk des Lebens empfand, dann würde alles was ich war, was ich tat und berührte eine neue, besondere Bedeutung annehmen.

Manche Leute, die ich in meiner Hochschulzeit kennenlernte, waren zynisch. Sie pflegten zu sagen »Gott ist tot« oder »Gott existiert nicht«. Ich spürte immer, daß sie über sich selbst sprachen. Das heißt, irgend etwas in ihnen existierte nicht, und sie wußten es.

Meiner Lieblingsautorin Ayn Rand, die *The Fountainhead* und *Atlas Shrugged* geschrieben hat, wurde oftmals vorgeworfen, sie sei eine Atheistin. Ich sah sie jedoch einmal im Fernsehen, und da sagte sie: »Nein, ich bin keine Atheistin. Ich werde nie sterben. Wenn ich vergehe, dann ist es die Welt, die enden wird ... eine schöne Welt obendrein.« Sie fuhr fort: »Im Gegenteil, ich liebe das Wort *Gott*, weil es das Allerhöchste bedeutet. *Gott segne Dich* ist ein wundervoller Ausdruck.«

Mein lieber Freund Lazaris hat gesagt: »Leben ist ein Geschenk, und unsere Aufgabe ist es zu lernen, wie man es annimmt.« Für mich ist das Leben ein Geschenk, und Dankbarkeit ist sein Magnet. Mit der Erlaubnis meines Freundes möchte ich meine Gedanken mit einem Ausspruch von Lazaris abschließen: »Dankbarkeit ist eine spürbare Kraft. Je mehr man sie spürt, desto mehr Gründe wird man finden, sie zu spüren. Dankbarkeit ist eine wundersame Kraft, wie ein magischer Magnet, der so viel mehr hervorbringt und anzieht, als man schon erhalten hat. Sie ist wie eine lebendige Energie, die den Weg für Dich frei macht, so daß Du über Deine Erfahrungen hinauswachsen kannst.«

Nicholas Eliopoulos hat als Filmproduzent den Emmy Award *gewonnen. Er ist Regisseur, Cutter und Toningenieur sowie der Gründer der Filmgesellschaften* Earthlight *und* White Rock Entertainment. *Nicholas führte Regie in* Visions of a New World *mit Louise L. Hay, Ted Danson und Dennis Weaver in den Hauptrollen, und er verbrachte über ein Jahr in Rußland, wo er bei der Fernsehreportage »Russia Today, A People's Journey« Regie führte. Außerdem hat er bei zahlreichen Spielfilmen mitgewirkt, darunter* Foul Play, Nine to Five *und* Jenseits von Afrika. *Nicholas lebt in Los Angeles und ist Mitglied der Hochschulen für Film und Fernsehen.*

James Eubanks

Der ehrfurchtgebietende Plan des Lebens

Es ist die natürlichste aller Neigungen, wenn man Dankbarkeit zum Ausdruck bringt. Als Kind im ländlichen Alabama brachte man mir bei, immer höflich, großzügig und dankbar zu sein. Als ich Mann wurde, übernahm ich diese Praxis der Dankbarkeit und verfeinerte sie zu einem durchdachten und überprüften Lebensstil.

Ich habe mich immer als andersartig betrachtet. Nach jahrelanger Auseinandersetzung kann ich jetzt einschätzen, warum ich mich so gefühlt habe. Viele Jahre lang stand ich außerhalb der Masse, und obgleich das oft schmerzlich war, erlaubte mir diese Erfahrung, die anderen deutlicher zu sehen. Jetzt durchschaue ich die Masse, auch wenn ich an ihren Aktivitäten teilnehme. Wer zur Masse gehört, übt sich normalerweise nicht täglich in Dankbarkeit. Geschieht etwas Gutes, ist er dankbar. Geschieht etwas Schlechtes, ist er es ganz bestimmt nicht. Die so denken, fühlen sich oft elend, machen sich Sorgen, regen sich auf, sind erschöpft, angespannt und resignieren. Wir können uns für die Ansicht entscheiden, die Tragödie in unserem Leben bestünde darin, daß das Schicksal gegen uns arbeitet. Die höheren Mächte werden uns nicht widersprechen.

Und doch gibt es einen anderen Weg.

Dankbarkeit ist eine emotionale Reaktion, eine Liebe, die von innen aufsteigt, wenn man mit dem Ehrfurcht gebietenden Plan des Lebens konfrontiert wird. Ich beginne jeden Tag voller Erwartungen, wobei ich nach etwas suche, wofür ich dankbar sein kann, und nach jemandem, dem ich dankbar sein kann. Die Theologie definiert religiöses Bewußtsein als eine tiefe menschliche Einsicht in einen grandiosen Plan. Dankbarkeit ist ein Weg des Bewußtseins, der zu diesem Frieden und zu diesem Verständnis führt. Sie ist täglich gelebte religiöse Erfahrung.

Dankbarkeit ist nicht dasselbe wie Erleichterung. Ich bin *dankbar* für mein Leben, die Menschen, die ich kenne, und meine Arbeit. Demgegenüber bin ich *erleichtert*, daß ich nicht krank bin. Die erste Aussage beruht auf dem, was meine innere Wahrheit ist. Die zweite auf meinen Befürchtungen und Ängsten. Gewöhnlich machen wir diese einfache Unterscheidung nicht. Erleichterung bedeutet, daß etwas schiefgehen könnte, jedoch im Augenblick alles in Ordnung ist. Wenn man jedoch Dankbarkeit zeigt, bekräftigt man, daß alles bereits in Ordnung ist und daß nichts schiefgehen kann. Man muß nichts tun, nichts in Ordnung bringen, sondern nur sagen: »Ich bin dankbar für meine Gesundheit.«

Ich stelle fest, daß mein Geist sich langweilt und mein Herz abstumpft, wenn ich nicht ständig meinen Dank und meine Wertschätzung bekräftige und sie im Gebet ausdrücke. Dann ziehe ich mich von der Welt zurück und bin meinem inneren Kampf überlassen. Dankbarkeit ist ein Ausweg aus Schwierigkeiten, Schmerzen und Isolation. Angesichts von Kummer und Not verlangt praktizierte Dankbarkeit von uns, unsere Vorstellungen von dem, was unserer Meinung nach mit uns geschieht, aufzugeben.

In jeder Situation geschieht immer mehr, als uns bewußt ist, und Dankbarkeit bringt uns damit in Berührung. In diesem größeren Rahmen könnten die schwierigen Umstände, denen ich begegne, das fehlende Stück eines größeren Mosaiks sein, das mir noch nicht bewußt ist. Ich muß meine Ängste und Bewertungen, daß etwas schiefgegangen ist, aufgeben. Das führt prinzipiell immer zur Bewußtheit. Dankbarkeit ist ein Zugang zur Bewußtheit, und Bewußtheit ist ein Tor zur nie endenden Liebe. Sie ist eine innere Umkehr, eine Neuorientierung, eine Verpflichtung zur Liebe und zur Annahme dessen, was ist. Wir alle können das tun. Wir müssen nur willens sein. Dankbarkeit zu üben, erlöst uns von unserer schmerzlichen menschlichen Lebensgeschichte, denn sie verlangt von uns, tiefer in unser Leben und das unserer Mitmenschen zu schauen. Die Oberfläche hat selten Tiefe, vielmehr verdeckt sie diese. Dankbarkeit bereichert und vertieft das bunte Gewebe unseres Lebens, indem sie uns ermöglicht, mehr zu erkennen.

In der Gegenwart echter Dankbarkeit ist es unmöglich, Kummer, Wut, Depressionen oder irgendwelche negativen Emotionen zu haben. Ein schöner sonniger Tag und ein dunkler, stürmischer Tag können nicht zur selben Zeit am selben Ort eintreten. Ebenso führt die Ausübung von Dankbarkeit unser Bewußtsein weg von Furcht und hin zur Wahrheit, wobei Negativität, Schmerz und Leiden ausgeräumt werden. Ich habe ein präventives Programm gegen Resignation, Zynismus und Zweifel. Jeden Tag erforsche ich mehr als einmal mein Bewußtsein auf der Suche nach allem, wofür ich dankbar sein sollte. Wenn ich auf den beständigen Fluß von Reichtum und Glück achte, der auf mich zukommt, ergibt sich daraus eine willkommene und verläßliche Konstante: innerer Frieden.

Wenn Sie also noch nicht zu denen gehören, die sich täglich in Dankbarkeit üben, wie ein nicht endendes Gebet oder wie Hintergrundsmusik für Ihr Leben, dann lade ich Sie ein, diese Möglichkeit in Betracht zu ziehen. Fangen Sie jetzt an! Kommen Sie zum höheren Raum! Dankbarkeit setzt Verantwortung voraus. Erkennen Sie Ihre wertvollen Beiträge und Talente und beginnen Sie, sich diese zu eigen zu machen! Würdigen Sie die Menschen in Ihrem Leben: diejenigen, die Sie lieben, und diejenigen, die Sie vielleicht nicht lieben. In einem tieferen Sinn sind Sie alle dasselbe. Sie sind Ihre Lehrer. Seien Sie dafür dankbar. Machen Sie sich bewußt, wie kraftvoll Sie sind, wie bewegt Ihr Leben ist und wie sehr Sie allein schon dadurch gesegnet sind, daß Sie hier sind.

Und beobachten Sie, was dann geschieht.

James Eubanks ist ein erfolgreicher Schriftsteller, Kolumnist und Astrologe, der in San Diego professionelle Beratungsstunden abhält. Eubanks ist in Birmingham, Alabama, aufgewachsen und hat an der Loyola Universität in New Orleans akademische Grade in modernen Fremdsprachen und Rundfunk-Journalismus erworben. Weiterführende Studien in Linguistik führten ihn zur Westküste, wo er das New Age entdeckte und sich in einer Reihe von hoch spezialisierten Disziplinen ausbildete.

Sylvia Friedman

Dankbarkeit fühlt sich gut an!

Es ist wichtig, sich Zeit für Dankbarkeit zu nehmen. Wenn Sie nach innen schauen und Ihr Leben betrachten, ist es unter Umständen leichter, das Schlechte zu erkennen als das Gute! Aber denken Sie daran: Negatives Denken lähmt Ihr Selbstvertrauen und macht schwierige Situationen schlimmer. Wer an die Idee der sich selbst erfüllenden Prophezeiungen glaubt, kann verstehen, daß es besser ist, Geist und Herz für die guten Dinge zu öffnen, die geschehen können, statt für die schlechten. Ich bin sicher, daß die meisten von uns sich an die schönen einfachen Momente im Leben erinnern können, etwa wenn wir einen Unbekannten im Supermarkt anlächeln und das Lächeln erwidert wird.

Wäre es nicht wundervoll, wenn wir in diesen Augenblicken die Zeit anhalten könnten, so daß wir uns völlig darauf einlassen könnten, wenn jemand unsere Hand drückt, im Kino mit uns zusammen lacht oder still bei uns sitzt, um uns zu trösten? Jeder Tag bietet Anlaß zur Dankbarkeit, und wir müssen nach diesen Gelegenheiten Ausschau halten und uns an sie erinnern. Gute Gesundheit, die Fähigkeit, anderen zu helfen und die Unterstützung durch gute Freunde, sind alles Anlässe, dankbar zu sein. Nichts im Leben sollte für selbstverständlich gehalten werden. Ich danke jeden Tag meinen Eltern, daß sie mir die Freiheit gegeben haben, meine eigenen Entscheidungen im Leben zu treffen. Innere Kraft erwächst daraus, daß Sie sich an den einzigen Menschen halten, der Ihnen helfen kann – Sie selbst!

Das Lied *The Best Things in Life Are Free* (»Die besten Dinge im Leben gibt es umsonst«, Die Beatles, Anm. d. Ü.) hat mich immer beeindruckt. Dankbarkeit kostet nichts. Die Wunder der Natur, blühende Blumen, die leuchtenden Farben der Blätter im Herbst oder ein blauer Himmel erinnern uns an die einfachen Freuden im Leben. Ich muß an eine meiner Freundinnen denken, die gerade eine sehr traurige Zeit durchmachte und zu mir sagte: »Ich bin dankbar, wenn die Sonne scheint, denn das gibt mir ein positives Gefühl.« Ich lächelte und erwiderte: »Die Sonne scheint nicht auf uns, sondern *in* uns.«

Jeden Tag bin ich dankbar, mein Telefon läuten zu hören, weil ich weiß, daß es eine meiner Freundinnen ist, die hören will, ob bei mir alles in Ordnung ist. Ich danke Gott dafür, daß ich aus meinem Fenster auf den See schauen und jeden Tag in Frieden beginnen kann. Viele von uns haben ähnliche Gelegenheiten, und es ist so wichtig, daß wir sie zu würdigen. wissen. Diejenigen unter uns, die gekämpft haben, um etwas Gutes zu bekommen, können dankbar sein, daß sie die Energie und die Kraft gehabt haben, um für das zu kämpfen, an das sie glaubten. Wenn wir an uns selbst glauben, wird uns unsere Selbstachtung an den Platz bringen, wo wir sein sollten. Wenn der Weg uns zu den schwierigeren Lektionen im Leben führt, ist es am besten, daraus zu lernen und weiterzugehen. Hoffnung, Glauben und Optimismus geben uns die Kraft, bis morgen durchzuhalten. Das Leben kann eine echte Herausforderung sein, aber unsere Träume können wahr werden, wenn wir dankbar sind für das, was uns bereits geschenkt worden ist.

Schließlich können wir alle dankbar sein für den Mut, der es uns ermöglicht, persönliche Risiken einzugehen, denn unsere wichtigste Stärke ist der Glauben an uns selbst. Wir alle haben die Fähigkeit, Liebe, Freundschaft und Wissen zu sammeln, bevor unser Leben verstreicht. Es liegt an uns, uns darum zu bemühen. Wer von uns die Bedeutung der Dankbarkeit versteht, kann andere ermutigen, ihre eigenen besonderen Momente zu erkennen. Dankbarkeit fühlt sich gut an!

Sylvia Friedman ist seit über 20 Jahren als Astrologin, Verhaltenstherapeutin und Graphologin tätig. Sie ist bei zahlreichen Fernsehprogrammen als Expertin aufgetreten, darunter »Oprah« und »AM Chicago«. Friedman lebt in Chicago. Sie ist die Autorin von The Stars in Your Family: How Astrology Affects Relatioships Between Parents and Children.

Shakti Gawain

Dankbarkeit in schwierigen Phasen des Lebens

Es ist relativ einfach, Dankbarkeit zu empfinden, wenn alles in Ordnung ist und das Leben so verläuft, wie wir es wollen. In dieser Situation halten wir alles oft für selbstverständlich. Es tut so gut, wenn wir uns einen Moment Zeit nehmen, um gegenüber anderen, der Erde, unserer höheren Macht und dem Leben unsere Wertschätzung zum Ausdruck zu bringen.

Eine weitaus größere Herausforderung ist es, auch dann Dankbarkeit zu verspüren, wenn wir eine schwierige Zeit durchmachen, oder wenn das Leben nicht so verläuft, wie es unserer Meinung nach verlaufen sollte. In solchen Zeiten fühlen wir uns eher verletzt, verwirrt oder ärgerlich, was völlig natürlich ist. Dankbarkeit ist das Letzte, was uns in einem solchen Moment einfallen würde. Es gab Zeiten in meinem Leben, wo mir eher danach war, dem Universum meine Faust zu zeigen, und wo ich mich fragte, warum es mir einen derart grausamen Schlag versetzte.

Und doch ist es interessant, daß wir nach einer schweren Zeit oft rückblickend erkennen können, wie wichtig und notwendig diese Erfahrung war. Wir mögen vielleicht erst nach Monaten oder sogar Jahren zu dieser Ansicht gelangen, aber zu guter Letzt sehen wir, daß wir eine wichtige Lektion zu lernen hatten, daß unsere Weisheit sich vertieft hat, daß ein Erwachen stattfand oder daß sich als Folge von Ereignissen, die uns zu jener Zeit negativ erschienen, vielleicht eine neue Tür in unserem Leben öffnete.

So könnte es zum Beispiel sein, daß der Verlust einer Arbeitsstelle zu unserer spirituellen und emotionalen Heilung geführt hat. Das Ende einer Beziehung gibt uns vielleicht Gelegenheit zu entdecken, daß wir Zeit für uns selbst brauchen, oder es macht den Weg frei für eine erfüllendere Partnerschaft. Erst dann fangen wir vielleicht an, Dankbarkeit dafür zu empfinden, daß das Leben sich in dieser Weise entfaltet hat.

Eine schmerzhafte Zeit in unserem Leben ist gewöhnlich das, was ich eine »Heilungskrise« nenne. Wir lassen etwas Altes los und öffnen uns für etwas Neues. Oft geschieht das, weil unser Bewußtsein bereits gewachsen ist, so daß wir nicht mehr so leben können wie bisher. Manchmal werden wir mit einer notwendigen Veränderung konfrontiert, die wir innerlich und/oder in unserem Leben herbeiführen müssen. Wir müssen durch einen Prozeß des Trauerns gehen, wenn wir etwas loslassen, woran wir hingen. Wir müssen uns gestatten, unsere Furcht und Traurigkeit zu spüren. Wir dürfen uns aber auch daran erinnern, daß in dieser

Erfahrung ein Geschenk liegt, das wir einfach noch nicht erkennen können.

Wenn Sie also in Ihrem Leben gerade durch eine Heilungskrise gehen, greifen Sie nach soviel Unterstützung und Hilfe, wie Sie können und erlauben Sie sich, alle aufsteigenden Gefühle voll und ganz zu erleben, Bitten Sie darum, daß das Geschenk dieser Erfahrung Ihnen enthüllt werden möge, sobald Sie dafür bereit sind. Und vergessen Sie nicht, nach einiger Zeit erneut Dankbarkeit zu empfinden für die unglaubliche Reise Ihres Lebens.

Shakti Gawain ist Autorin der Bestseller Stell Dir vor, Kreativ visualisieren, Leben im Licht, Im Garten der Seele, Erwachen, Wege der Wandlung *und einiger anderer Bücher. Sie ist eine warmherzige, sprachgewandte und inspirierende Lehrerin, die weltweit Workshops durchführt. In nahezu 20 Jahren hat sie Tausenden von Menschen dabei geholfen, ihrer eigenen inneren Wahrheit zu vertrauen und danach zu handeln, so daß sie ihre Kreativität in allen Bereichen ihres Lebens freisetzen und entwickeln konnten. Zusammen mit ihremMann Jim Burns ist sie Mitbegründerin des Verlagshauses Nataraj Publishing. Sie lebt in Mill Valley, Kalifornien, und auf Kauai/Hawaii.*

Michele Gold

Dankbarkeit ist ein Heiligtum

Mein Vater erzählte mir eine wundervolle Geschichte von einem Mann, der seiner jungen Tochter ein einfaches Medaillon schenkte und ihr sagte, daß darinnen ein sehr wertvoller Diamant eingeschlossen sei. Wenn sie irgendwann einmal in Not sein sollte, könnte sie das Medaillon aufbrechen, den Diamanten verkaufen und ihre Schwierigkeiten überwinden.

Die Tochter wuchs zu einer Frau heran und kämpfte sich in schrecklichen Zeiten der Armut alleine durch, allein der Gedanke an den Diamanten, der sicher im Medaillon um ihren Hals ruhte, gab ihr genügend Mut, alles durchzustehen. Nach vielen Jahren schließlich war sie überaus erfolgreich und mußte nicht mehr ums Überleben kämpfen. Unterdes war sie neugierig geworden und wollte unbedingt wissen, wieviel der Diamant tatsächlich wert war.

Die Frau brachte ihr Medaillon zu dem besten Juwelier in dem Ort, um den Diamanten schätzen zu lassen. Der Juwelier betrachtete das schlichte, angelaufene Medaillon geringschätzig, nahm einen Hammer und zerschlug es mit einem einzigen schnellen Schlag in viele Stücke, wobei ein kleiner glänzender Stein zum Vorschein kam. Der Juwelier hielt ihn ans Licht und sagte: »Aber meine Dame, das ist kein Diamant, sondern ein wertloses Stück gewöhnliches Glas!« Die Frau war von dieser Auskunft erschüttert. Sie lachte und weinte, und schließlich lachte sie noch mehr.

»Nein, mein Herr«, erwiderte sie, wobei sie sich die Tränen aus den Augen wischte, »das ist der wertvollste Diamant der Welt.«

Ihr Vater hatte ihr ein Juwel von unschätzbarem Wert gegeben. Ein Geschenk der Hoffnung und den Glauben daran, daß sie immer zurecht kommen würde. Dafür würde sie immer dankbar sein.

Ich durchforschte meine Erlebnisse, für die ich am meisten dankbar bin, und jetzt kreist mein Geist in einer Spirale. Wie einzigartig das Erlebnis auch sein mag, das Zentrum ist immer Güte. Ich war hocherfreut, als ich entdeckte, daß die Definition der Dankbarkeit *Anerkennung von Güte* lautet. Ich bemühe mich darum, mein Leben als eine auf Dankbarkeit gründende Übung zu führen. Meine ersten Lehrer waren meine Eltern, meine Brüder und all die kleinen Käfer, die im bemoosten Garten in unserem winzigen Hinterhof lebten. Ich erinnere mich, daß ich Dankbarkeit empfand, wenn sich ein leuchtendgelber Kapitänsfalter auf meiner Hand niederließ oder wenn ein wilder Vogel mich nahe genug herankommen ließ, um seine Federn aus der Nähe zu sehen.

Dankbarkeit ist nicht immer unmittelbar. Manche Dinge brauchen Zeit, bis man verstehen kann, was man gewonnen hat. Oftmals kann mangelnde Dankbarkeit einen großen Rückschlag auf dem Weg bedeuten. Viele Male habe ich mich zu weit von meinem Herzen entfernt und bin unzufrieden geworden. Das waren Zeichen für einen notwendigen Wandel, ein Zurückschalten in Richtung Liebe und Dankbarkeit. Als Erwachsene öffneten verschiedene Begegnungen mit wilden Delphinen mein Herz und meinen Geist für die Erfahrung bedingungsloser Liebe und die Wertschätzung des gegenwärtigen Moments, wofür ich immer voller Ehrfurcht und Dank sein werde.

Ein wunderbarer Meditationslehrer lehrte mich, wie man sich auf ein Ziel ausrichtet. Dadurch vermittelt man dem Universum ein klares Zeichen seiner Lebensrichtung. Sie legen Ihren Kurs fest und setzen dann die Segel auf Ihrem Schiff, das zu einer heiligen Insel aufbricht, die durch den Dunst und die Entfernung nicht erkennbar ist, aber Ihre Intuition weiß, daß es sie gibt. Sie können wohl von starken wirbelnden Winden abgelenkt werden, doch sobald sanfte Brisen einsetzen, nehmen Sie erneut Kurs auf. Immer wieder kann die Nacht hereinbrechen, doch tief im Innern haben Sie eine Karte, die Ihnen den Weg weist auf Ihrer mystischen Reise. Zu guter Letzt werden Sie Ihre Bestimmung erreichen, wenn Sie auf Ihr Ziel ausgerichtet bleiben.

Ich glaube, daß Dankbarkeit der Weg ist, wie wir zu uns selbst gelangen. Jeden Morgen und jeden Abend konzentriere ich mich für einen Moment und bedanke mich für das Geschenk meines Lebens und für die Anwesenheit und die Liebe eines jeden darin. Ich bedanke mich für alles, was mir geschenkt wird und für alles, was ich lerne. Ich bedanke mich für alles, was ich erreichen möchte, so als ob ich es bereits erreicht hätte. Ich sage allen Schutzengeln und den Devas der Natur Dank für die Heilung von geliebten Menschen und des Planeten. Ich bitte um Führung und suche in Träumen nach Antworten. Ich bedanke mich für meine gute Gesundheit und den Reichtum meiner Sinne. Ich bedanke mich für die große Schönheit und Herrlichkeit der Erde. Ich bedanke mich für das Geschenk der Kreativität und die Fähigkeit, meine Gefühle in Farben, Worten, Musik und Tanz auszudrücken. Ich bin dankbar für die Weisheit, die uns durch alte Geschichten, Bilder und die Natur gewährt wird. Ich bedanke mich für die zauberhaften Delphine, Vögel, Bäume und für alles Lebendige. Ich bedanke mich für die allgegenwärtige Fülle und den Reichtum. Und vor allem bedanke ich mich für die Güte.

Wenn mein Leben schmerzhaft und schwierig war, war ich sehr dankbar für viele freundliche Gesten. Jahrelang fühlte ich mich allein in meinem Kampf, und doch wußte mein Innerstes, daß ich immer einen Diamanten besaß. Ich hege tiefe Dankbarkeit für die unglaublichen Geschenke der Liebe und des Lebens.

Behandeln Sie sich immer wie ein unschätzbar kostbares Wesen, das es wert ist, geliebt zu werden.

Dankbarkeit ist eine heilige Stätte, die uns noch tiefer lieben läßt.

Kreislauf

Seit Jahrtausenden schwimmend, unter den
vielen Vollmonden … habe ich nach Dir gesucht.
Verlorene Schiffe und verlorene Seelen
landen an warmen Orten,
gelenkt von Sehnsucht und den Engeln der See.
Mein Herz wandert, ich rolle mich ein und halte mich fest,
sehne mich nach zu Hause,
weiß nicht, daß es immer hier ist.
Und wie ich mich bewege nach oben und nach außen,
unter dem Druck des Regens,
und durch meine Augen atme,
spüre ich die kommende Süße vieler
Bäume und lächle, wissend daß
diese Schätze, so tief in meinem Herzen vergraben,
begonnen haben zu singen
das Lied der träumenden Engel.
Mit meiner Seele als einziger Landkarte,
mit der ich fahre,
die mich führt,
damit die Welt mich trägt
mit zarter Hände Sanftheit,
so sanft schwebend
im süßen Gesang der Vögel,
der aus tiefstem Ort zu mir emporsteigt …
Ich lächle von innen,
ich lächle tief.

Michele Gold ist Autorin des prächtigen Bildbandes Angels of the Sea: Sacred Dolphin Art of Atlantis. *Sie hat mit ihrer spirituellen Kunst und dem Erzählen ihrer Geschichten, die Traumbilder, Visionen, Mythen und die direkte Erfahrung des gemeinsamen Schwimmens mit Familien wilder Delphine wiedergeben, mehrere Preise gewonnen. Ihre Arbeit wurde in Filmen gewürdigt und weltweit in privaten und öffentlichen Sammlungen ausgestellt. Gold empfindet tiefe Liebe und Respekt für alles Leben. Es ist ihre größte Hoffnung, daß auch andere ihre Leidenschaft für diese wundervollen Delphin-Wesen teilen werden. Sie ist eine professionelle, kunstvolle Illustratorin, Schriftstellerin, Fotografin, Tänzerin und Musikerin, die daran glaubt, daß immer Liebe die Antwort ist.*

Karen M. Haughey

Dankbarkeit: Sie kann Ihrem Tag Erfüllung bringen!

Ich möchte zunächst meine eigene Dankbarkeit gegenüber meiner lieben Freundin Louise L. Hay zum Ausdruck bringen, die mir die Verwirklichung vieler meiner langfristigen Träume ermöglicht hat. Für ihre Liebe, Unterstützung und Güte werde ich ihr für immer und ewig dankbar sein!

Ebenfalls voller Dankbarkeit bin ich für meine von Gott geschenkte Fähigkeit, Engel zu malen. Denn diese Gabe ist nicht für mich allein – sie ist für andere da, und sie bewirkt etwas in deren Leben.

Das Leben ist nicht dazu gedacht, daß man es isoliert führt, sondern um es in Liebe und Frieden mit anderen zu teilen. Dankbarkeit entsteht aus der Tugend, etwas für andere zu tun. Manche würden das als zufällige Freundlichkeiten bezeichnen, bei denen man einfach etwas Gutes tun will, sei es nun gegenüber einem völlig Fremden oder jemandem, den man schon sein Leben lang kennt. Derartige Dinge zu tun, gibt mir vollständige Befriedigung. Nicht daß ich danach suchen würde, aber es kommt immer alles zu mir zurück, und ich weiß, daß Gott zusieht!

Mir fallen ein paar Begebenheiten ein. So überquerte ich einmal die San-Mateo-Brücke in der Nähe meines Hauses in der Bucht von San Francisco. Ich zahle immer die Mautgebühr für den Wagen hinter mir mit. Jedenfalls kam da ein sehr teurer Wagen mit getönten Fenstern und dem ganzen Schnickschnack hinter mir zum Stehen. Ich gab der Frau in der Mautkabine wie üblich einen Dollar zusätzlich und sagte ihr, daß ich für den Wagen hinter mir mitbezahlen wolle. Sie sah mich etwas verdutzt an, da sie offenbar den Status unserer Fahrzeuge miteinander verglich, aber sie tat wie gebeten.

Die meisten Leute reagieren selten auf diese Geste. Manchmal lächeln oder winken sie oder schauen erstaunt, aber diesmal war es anders. Der betreffende Wagen fuhr seitlich an meinen heran, die Fenster wurden heruntergelassen und zwei junge Mädchen mit ihrer Mutter und ihrem Vater winkten und hupten freudig und ausgelassen. Solch eine Dankbarkeit hatte ich noch nie erlebt. Man hätte aufgrund ihrer Reaktion vermuten können, daß ich eine Menge mehr für sie getan habe als nur ihre Straßengebühr zu bezahlen, das ist eine so einfache Tat ist. Die Überraschung und die Freude auf den Gesichtern dieser Kinder und das ungläubige Staunen der Eltern hätten jedem zur Erfüllung seines Tages ausgereicht.

Ein anders Mal fuhr ich durch ein Wohngebiet und bemerkte, daß bei einem Wagen, der vor einem Haus parkte, das Licht angelassen worden war. Obwohl es für mich einen Umweg bedeutete, wendete ich und ging zu diesem Haus, klopfte an die Tür und teilte den Bewohnern mit, daß sie bei ihrem Wagen das Licht angelassen hätten. Die Familie, die in diesem Haus lebte, bedankte sich überschwenglich bei mir, als ob ich ein Wunder vollbracht hätte, was nach meinem Empfinden nicht der Fall war.

Ich will Ihnen zeigen, daß es nicht darauf ankommt, was man materiell geben kann, sondern was Sie ohne Erwartungen einem anderen Menschen von Herzen und Seele geben können.

Die Dankbarkeit, die Ihnen zuteil wird, empfangen Sie, indem Sie sie verschenken.

Das Leben ist ein Geschenk, und was Sie mit dem Ihren machen, liegt ganz bei Ihnen. Seien Sie dankbar für dieses Geschenk, und verwenden Sie es zur Heilung dieses schönen Planeten, auf dem wir leben, unserer Mutter Erde.

Karen M. Haughey ist eine Künstlerin, Dichterin und Designerin, die mehrere Preise gewonnen hat. Ihre Arbeiten sind in privaten Sammlungen weltweit gezeigt worden. Sie ist auch Autorin des prächtigen Bildbandes Angels: Guardians of the Light. *Wenn man sie fragt, was sie dazu inspiriert, hauptsächlich Engel und Nixen zu malen, antwortet sie: »Meine Inspiration erhalte ich aus einer visionären Innenschau, unterstützt von Meditation und beruhigenden Klängen, etwa von Musik. Dadurch wird meine kreative Intelligenz angeregt und erleuchtet, und ich vermeide vorgefertigte Logik.« Haughey ist im Norden Kaliforniens zu Hause.*

Christopher Hills

Ein Lob auf die Dankbarkeit

Ich bin am dankbarsten, wenn ich gerade eine Begegnung mit dem Tod hatte. Einmal flog mir das Vorderrad meines Buick weg, als ich einen steilen Hügel mit vielen Kurven herabfuhr. In einem Funkenschauer und begleitet von einem Gebet manövrierte ich ihn zum Fuße des Hügels. Ein anderes Mal war ich zutiefst dankbar, als ich auf der Brücke eines Schiffes von einem Blitz gestreift wurde, der in den Stützpfosten einen halben Meter von meinem Gesicht entfernt einschlug. Millionen Volt Elektrizität wurden durch den Stahl in den Ozean unter mir geleitet. Ich sprach ein Dankgebet, und ich habe nie den Geruch von überhitztem Metall anstelle von verbranntem Haar vergessen.

Kurz vor meiner Geburt wurde ich auch im Bauch meiner Mutter von einem Blitz getroffen. Sie erlitt eine schwere Verbrennung am Arm, und ich kam plötzlich heraus mit einem großen roten Muttermal vom Ellbogen bis zum

Handgelenk, das 14 Jahre lang blieb. Durch dieses Erlebnis war meine Mutter jedesmal völlig überwältigt, wenn sie mich umarmte. Ich war damals zu jung, um dankbar zu sein für das Geschenk des Lebens. Doch im Rückblick danke ich dafür, daß wir beide diesen elektrischen Angriff überlebten, und daß ich immer noch gesund und munter in der Welt der Menschen weile.

Ich kann mich an viele Beispiele erinnern, wo Dankbarkeit erst eintrat, nachdem ich begonnen hatte, all die guten Dinge anzuerkennen, die das Leben mir geschenkt hat. Jetzt kann ich diese Dankbarkeit ausdrücken, nicht nur in Zeiten der Gefahr oder des größten Überflusses, sondern für alles, was ich erlebe. Ich bin nicht nur dankbar für unglaubliche Freundschaften, sondern auch für diejenigen Menschen, die Lügner waren und mich getäuscht haben. Sie haben mir viele Lektionen des Lebens erteilt. Es hat meine Wertschätzung für die, die tun, was sie sagen und ihren spirituellen Worten gerecht werden, vergrößert.

Einer meiner dankbarsten Momente war, als ich wieder zu mir kam, nachdem ich in einem Sturm durch einen Schlag das Bewußtsein verloren hatte. Ich war auf meiner Jacht im westindischen Pazifik und hatte Gäste an Bord, mit denen ich um die Insel Jamaika segelte und Kurs auf Port Antonio genommen hatte. Zu meinen Gästen gehörten Louise Hay und ihr damaliger Mann Andrew, die damals meine Partner im Gewürzhandel waren. Als wir noch einen halben Tag von Port Antonio entfernt waren, kamen wir in einen Sturm. Der Großbaum, über 30 cm dick, schwang plötzlich in einer Windbö herum und schleuderte mich vom Steuer. Die Reling des Bootes war praktisch unter Wasser. Irgendwie blieb ich an ihr hängen und mir wurde schwarz vor

Augen. Das nächste was ich sah, nachdem scheinbar eine Ewigkeit vergangen war, war Louises Gesicht über mir und Andrew, der mich anbrüllte und gleichzeitig schüttelte. Er sagte, ich müßte auf jeden Fall aufstehen, weil niemand außer mir dieses 90-Tonnen-Schiff segeln könnte. Niemand kannte den Kurs nach San Antonio, und wir hatten kein Land mehr in Sicht.

Das war eines meiner ersten Erlebnisse, wo ich absolut gebraucht wurde. Ohne mich würden wir alle zugrunde gehen, sagte Andrew zu mir. Als ich das Bewußtsein wiedererlangt hatte, wurde mir klar, wieviel Glück manche Leute haben, dem Tode zu entrinnen, aber daß es auch Menschen gibt, deren Schicksal eng verknüpft ist mit dem Können anderer. Ich habe nie vergessen, wie erleichtert ich mich fühlte, als ich feststellte, daß ich noch gehen und sprechen konnte! Es dauerte acht Wochen, bis mein verrenkter Hals nicht mehr schmerzte, aber die ganze Zeit über dachte ich daran, wie dankbar ich war, am Leben zu sein und wieviel Glück meine Gäste hatten, daß ich sie sicher nach Port Antonio steuern konnte.

Ich sehe immer noch Louises Gesicht vor mir, als ich im Sturm aufwachte. Ihr Make-up war verwischt und ihr Haar triefnaß. Ich bin 38 Jahre nach diesem Ereignis sogar noch dankbarer dafür, daß das Leben mich dankbarer gemacht hat. Ich glaube daran, daß ich von einer höheren Macht geschützt worden bin, so daß ich einen völlig neuen Kurs im Leben einschlagen konnte. Ich habe keinen Namen für diese Macht, obwohl ich schon viele gehört habe. Ich ziehe es vor, sie als »Energie der Göttin« wahrzunehmen. Diese Energie kommt zu uns, wenn wir in unserem Herzen Raum schaffen für Dankbarkeit und Wertschätzung. Sie kann auch als subtile Intelligenz zu uns kommen, die sich durch unsere natürliche Umgebung bewegt. Wir versuchen in unserem Bewußtsein diese Intelligenz zu erfassen, aber in Wirklichkeit ist ihre Frequenz und und Energie im Inneren verborgen.

Dankbarkeit und Wertschätzung, die bis zur Quelle des Lebens führen, kommen, wenn wir uns ihrer verborgenen Intelligenz hingeben. Diese Energie der Göttin ist weitgehend vergessen und rücksichtslos übergangen worden in unserer Kultur. In vielen anderen Zivilisationen wurde sie vollständig unterdrückt, ohne ihr auch nur die Würde der Menschenrechte zu lassen. Unter verschiedenen Bannern bringt man sie um, indem man »den einzig wahren Weg zur Erlösung« propagiert. Auf diese Art und Weise wird uns keine Gnade zuteil.

Letztlich kommt das Gefühl der Dankbarkeit aus unserer Einstellung zum Empfangen. Es ist diese Art von Wertschätzung, die unserem Geschenk echten Wert verleiht. Wenn wir ein Geschenk nicht wirklich empfangen, weil wir es nicht zu schätzen wissen, dann ist das Geschenk auch nicht wirklich gegeben worden.

Die Einstellung zum Schenken ist nicht von größerer Bedeutung als die Haltung beim Annehmen. Es ist leichter ein Geschenk zu machen als es wirklich anzunehmen. Von allen unseren natürlichen Gaben wird das kostbare Geschenk des Bewußtseins meist für selbstverständlich genommen. Wie können wir anderen spirituell etwas geben, das wir in unserem eigenen Selbst noch nicht vollständig angenommen und gewürdigt haben? Ich glaube, daß wir in diesem Falle zuerst das dankbar annehmen müssen, was wir anderen geben, sonst wird unser Geschenk keinen Erfolg haben.

Ich bin dankbar, daß ich Schönheit und Anmut im Leben finden kann, die ich mit meiner Liebe überschütte und die mich entzücken. Dankbarkeit heißt, daß man weiß, daß alle Geschenke wenig Wert haben, bis man sie vollständig entgegengenommen hat. In Wirklichkeit ist es unsere Dankbarkeit, die jedem Geschenk echten Wert verleiht. Das größte Geschenk, das wir uns selbst machen können, besteht darin, alle Verletzungen zu vergeben, aber nur wenige sind dankbar für diese Möglichkeit.

Wer keine Wertschätzung für den Ursprung der Kraft besitzt, wird auch nicht sehr viel aus dieser Quelle erhalten. Alle Dankbarkeit ist das Ergebnis dieser Wertschätzung.

Dr. phil., Dr. rer. nat. Christopher Hills, ist Autor von 27 Büchern über Bewußtsein, ehemaliger Präsident der World Yoga Society, Gründer der Universität der Bäume (eine Pionierin bei der Entwicklung von Nahrungsquellen aus Algen zur Verminderung des Hungers in der Welt) und Gründer der Light Force Spirulina Company. Gegenwärtig engagiert er sich in Projekten für Obdachlose und emotionale Bildung bei Kindern.

Sharon Huffman

Dankbarkeit: der Schlüssel für ein glückliches, gesundes und erfolgreiches Leben

Als ich heute morgen meinen Spaziergang machte, war ich von Dankbarkeit erfüllt. Der Himmel war blau, es herrschte eine milde Temperatur von 23 Grad, und wohin ich auch blickte war Schönheit, üppige, atemberaubende Schönheit: grüne Hügelketten, Blumen und Palmen, das Rauschen von Wasserfällen und Quellen, Teiche voller Enten, ein Storch im Fluge über dem See und großartige Berge mit Schneekappen. Während ich diese Fülle in mich aufnahm, überkam mich Dankbarkeit.

Ich dachte an eine Zeit vor drei Monaten, als ich im gefrorenen Gebirgsschnee wanderte und meine spirituelle Quelle bat, mich zu einem wärmeren, schöneren Ort zu führen, um dort meine Morgenspaziergänge zu machen. Ich erinnerte mich daran, daß sich mein Herz füllte mit Dankbarkeit für alles, was mir geschenkt worden war, und wie ich fast ohne Anstrengung zu diesem schönen Paradies geführt wurde.

In den 15 Jahren, in denen ich Klienten auf dem Weg zu einem erfolgreichen, glücklichen Lebens betreute, habe ich ein Geheimnis entdeckt. Wenn ich ihnen beibrachte, Dankbarkeit zu praktizieren, änderte sich alles in ihrem Leben. Sie waren zufrieden mit sich und wurden bestärkt, die Zukunft zu schaffen, die sie sich wünschten. Die Ereignisse in ihrem Leben und ihre Fähigkeit, positiv darauf zu reagieren, führten zu einer kompletten Wendung. Es war als ob sie einen Zauberstab gefunden hätten.

Dankbarkeit verändert die Art und Weise, wie wir das Leben und uns selbst sehen. Schwierige Situationen, die früher unerträglich und scheinbar unabänderlich waren, werden transformiert. Sobald wir Dankbarkeit spüren, beginnt die Situation leichter zu werden, und wir können Gelegenheiten zur Veränderung erkennen. Wir bekommen ein besseres Gefühl für uns selbst und für unsere Fähigkeit, positiv auf unsere Umgebung und unsere Welt einzuwirken. Depressionen lassen nach, Konflikte verwandeln sich in Harmonie und Streß in Frieden. Wenn Dankbarkeit ein Lebensstil wird, werden Erfolg, Glück und Gesundheit die Norm. Wenn wir uns wütend, furchtsam, traurig oder deprimiert fühlen, haben wir unsere Dankbarkeit verloren. Ich kann mich an unzählige Male erinnern, als ich mich reizbar und niedergeschlagen fühlte und mich dazu entschied, meine Wohltaten zu zählen und Dankbarkeit zu empfinden für alles, was ich habe. Fast im selben Moment fühlte ich mich besser. Wenn wir in einer Situation, die uns Sorgen bereitet hat, etwas finden, wofür wir dankbar sein können, dann hebt das unsere Stimmung und gibt uns Energie.

Sobald wir Dankbarkeit empfinden, ändert sich alles. Sie kann eine Situation, in der man Trauer und Verlust fühlt, was wiederum mehr Trauer und Verlust nach sich zieht, so verändern, daß man sich fröhlich und glücklich fühlt. *Ein und dieselbe* Situation verwandelt sich unmittelbar, wenn man sie mit einem von Dankbarkeit erfüllten Herzen betrachtet.

In meinem eigenen Leben hat sie sehr viel bewirkt. Ich habe die Macht der Dankbarkeit zum ersten Mal nach dem traumatischen Verlust meines Partners durch einen Flugzeugabsturz erlebt. Nachdem ich mich monatelang mutlos und der Verzweiflung nahe gefühlt hatte, zog es mich zur Lektüre alter Weisheiten. Dabei erfuhr ich, daß mein Leben eine Bedeutung und einen Zweck hat. Als ich begann, Dankbarkeit zu empfinden, veränderte sich mein ganzes Leben. Zuerst verschob sich meine Perspektive. Dann fühlte ich mich wieder positiv und faßte Mut zu einem Neubeginn. Statt daß mein Leben zu Ende ging, begann es plötzlich neu.

Kurz danach stellte man bei mir eine lebensbedrohende Krankheit fest und gab mir noch sechs bis neun Monate zu leben. Ich übte mich weiterhin in Dankbarkeit und spürte, wie die Krankheit aus meinem Körper gespült wurde und meine Zellen sich mit Leben und Vitalität füllten. Ich erfuhr später, daß dankbare Gefühle im ganzen Körper positive Endorphine freisetzen und dadurch zur Gesundheit führen.

Dankbarkeit heilt nicht nur, sie verjüngt auch den Körper. Wenn Sie das bezweifeln, schauen Sie sich nur einmal das Gesicht von jemandem an, das von jahrelangem Groll zerfurcht ist. Er wird verhärmt und abgespannt aussehen. Dann betrachten Sie jemanden, der sein Leben in Dankbarkeit verbracht hat. Er wird strahlen vor Gesundheit und Lebendigkeit.

Der Schlüssel zu einem glücklichen, gesunden und erfolgreichen Leben ist die Dankbarkeit. Sie gibt uns Auftrieb, gibt uns Kraft und zieht das zu uns heran, was wir wollen. Wenn wir uns mit Dankbarkeit auf das ausrichten, was wir wollen, so wie ich es vor drei Monaten beim Morgenspaziergang tat, dann ziehen wir es an. Wir erhalten einen Magneten für unser Wohlergehen.

Wenn wir dem Leben Dankbarkeit schenken, werden wir wieder vom Leben beschenkt. Wenn wir dankbar sind, fühlen sich Menschen ebenso wie die Fülle des Universums zu uns hingezogen. Wenn Sie Geldprobleme haben und Sie finden einen Pfennig, *spüren* Sie die Dankbarkeit ganz intensiv, und Sie werden mehr Geld anziehen.

Wenn wir uns für die Ereignisse und Situationen in unserem Leben , die eine Herausforderung darstellen, bedanken, weil wir wissen, daß wir aus dieser Erfahrung segenreiche Weisheit gewinnen, dann wird sich schon durch die Dankbarkeit an sich die negative Erfahrung in eine positive verwandeln. Wenn wir Dankbarkeit ausdrücken, ziehen wir Menschen und Situationen an, für die wir dankbar sein können. Das ist die Magie der Dankbarkeit.

Dankbarkeit füllt unsere Herzen mit Freude und läßt uns die Wahrheit sehen. Dadurch bekommen wir die Kraft, richtige Entscheidungen zu treffen und das Richtige zu tun. Mit einem dankbaren Herzen können wir das Beste in jeder Situation und in jedem Menschen, dem wir begegnen, erkennen, und wir bringen deren Bestes zum Vorschein.

Dankbarkeit ist auch ein Tor zum Göttlichen. Ein dankbares Herz ist ein offenes Herz, das uns immer weiter emporhebt, bis wir Verbindung zum Göttlichen haben.

Vor ein paar Jahren unternahm ich eine Reise zum Mount Shasta in Nordkalifornien. Ich hatte das Verlangen, tiefer in Verbindung zu kommen mit meinem höheren Selbst. Während der langen Fahrt, richtete ich meine Aufmerksamkeit in Liebe und Dankbarkeit auf mein höheres Selbst. Stunde um Stunde konzentrierte ich mich auf die Stelle direkt über dem Kopf und schickte diesem geliebten Teil von mir Liebe und Dankbarkeit dafür, daß er mich von Augenblick zu Augenblick und Tag für Tag sanft führt und schützt.

Als ich am Ende der Reise durch die schönen Tannenwälder, die den Mount Shasta umgeben, fuhr, spürte ich, wie mein höheres Selbst seine Arme liebevoll um mich legte. Wie mich diese Gegenwart umfing, fühlte ich mich total geliebt. Das war keine intellektuelle Idee; es war kinästhetisch. Ich konnte tatsächlich *spüren*, wie jede Zelle meines Körpers in Liebe gehüllt wurde. Ekstatische Gefühle durchfluteten mich, ich ging ganz und vollständig in dieser heiligen Verbindung auf. Ich wußte, daß ich in den Armen des Geliebten war.

In diesem Augenblick verstand ich, daß die Mystiker zu allen Zeiten gesagt haben, wir seien niemals allein. Wir sind alle mit dem Göttlichen verbunden. Jeder Gedanke des Getrenntseins ist eine Illusion. Liebe und Dankbarkeit zeigen uns die Verbindung.

Dieser Zustand der Verbundenheit war der wundervollste Zustand, den ich je erlebt hatte. Jedesmal, wenn ich nachts aufwachte, richtete ich meine Aufmerksamkeit darauf, ob diese Gegenwart noch da war. Natürlich war sie da, und ich konnte mich zufrieden in den Schlaf zurückfallen lassen.

Während dieser Verbundenheit ertappte ich mich bei dem Gedanken, ich müßte mich beeilen, um irgendwo hinzukommen. Da hörte ich in meinem Ohr: »Werde langsamer und sei rechtzeitig da.« Das war ganz anders als meine übliche Art, mich zu beeilen, um meine Termine einzuhalten. Als ich mich jedoch in dieser neuen Art des Seins entspannte und mich sanft führen ließ, stellte ich fest, daß ich immer zur richtigen Zeit am richtigen Ort eintraf. Mein Leben entfaltete sich in einer leichten, mühelosen magischen Art und Weise, voller wunderbarer synchronistischer Ereignisse. Mein Leben war wie verzaubert und alles, was ich brauchte, wurde mir gebracht. Meine bewußte Entscheidung, meinem höheren Selbst ständig Liebe und Dankbarkeit zu übermitteln, war der Schlüssel, der die Tür öffnete.

Es ist immer unsere Entscheidung, wie wir unser Leben führen wollen. Wenn wir uns für eine dankbare Haltung entscheiden, dürfen wir gewiß sein, daß unser Leben glücklich, gesund und erfolgreich wird.

Sharon Huffman ist Gründerin des Center for Enlightenend Leadership. *Sie lehrt inspiriertes Führen und den Zugang zur wahren inneren Kraft. Sie hat weltweit als Beraterin für Führungskräfte auf allen Gebieten gewirkt. Sie leitet Menschen dazu an, ihr volles Potential zu erreichen und im Gleichgewicht zu leben und dabei einen wertvollen Beitrag für unsere Welt zu leisten. Sie ist Rednerin, Beraterin und Schriftstellerin. Ihre Arbeit ist veröffentlicht in* Women of Vision, *herausgegeben bei Nataraj, und in* Hühnersuppe für die Seele *von Jack Canfield und Mark Viktor Hansen.*

Laura Archera Huxley

Dankbarkeit ist der Himmel selbst

Mit den fünf Worten »Dankbarkeit ist der Himmel selbst« drückt William Blake, der mystische Dichter, die Essenz der Dankbarkeit aus.

Wenn die Dankbarkeit zur Zeit der Geburt ihren Anfang nimmt, wird sie ein fester Bestandteil unseres Lebensgefühls. Die Geburt ist ein Wunder, und sie muß mit Freude und Dankbarkeit begrüßt werden. Unglücklicherweise ist das nicht immer der Fall. Zu oft ist die Geburt umgeben von Furcht und Unbewußtheit. Und doch bleibt es eine Tatsache, daß das Wunder der Geburt Ehrfurcht einflößt – ebenso wie das Wunder der psychologischen Wiedergeburt und die physiologische Tatsache, daß die Zellen in unserem Körper ständig sterben und unmittelbar durch neue Zellen ersetzt werden. Die Wiedergeburt, oft auch Gipfelerfahrung genannt, wird als Freiheit von alten, einengenden Konditionierungen empfunden. Die Wiedergeburt offenbart das Wunder der zeitlosen Erneuerung des Lebens und der unerwarteten Möglichkeiten.

In unserem Buch *The Child of Your Dreams* empfehlen Piero Ferruci und ich eine geführte Phantasiereise unserer idealen Geburt, die man in jedem Alter erleben kann. Suchen Sie einen stillen Ort auf, um sich ungestört Ihre eigene ideale Geburt vorzustellen. Es ist eine gute Idee, diese Meditation mit der Musik aufzunehmen, die Sie mit Liebe und Dankbarkeit inspiriert. Bevor Sie beginnen, atmen Sie ein paarmal tief und langsam durch. Lassen Sie sich mit jedem Atemzug näher an den Ort in Ihrem Inneren führen, der unberührt ist von allen Eindrücken, wo die Dramen des Lebens keine Spuren hinterlassen haben. Dort ist noch alles möglich, kein Gedanke ist absurd, und alles scheint zum ersten Mal zu geschehen.

Schaffen Sie Ihre eigene ideale Geburt

Schließen Sie die Augen, entspannen Sie sich eine Zeitlang und lassen Sie dann vor Ihrem inneren Auge ein klares Bild des Ortes erscheinen, wo Sie geboren werden sollen. Betrachten Sie diesen Ort, nehmen Sie seinen Geruch auf und lassen Sie Ihren gegenwärtigen Körper los. Sie sind neugeboren und sehr empfindsam. Sie spüren um sich herum die Schwingung der Liebe und der Dankbarkeit. In dieser Geburt liegt ein tiefer, natürlicher Friede, und Sie fühlen, daß Sie – in Wirklichkeit oder in Ihrer Vorstellung – von all den Wesen umgeben sind, die Sie lieben und respektieren. Die ganze Schöpfung steht bereit, um Sie willkommen zu heißen. Sie sehen Ihre Lieblingsblume, die Ihnen durch ihre Schönheit und ihren Duft sagt: »Willkommen! Ich bin dankbar, daß du geboren bist. Willkommen in der Welt der Blumen.«

Jetzt schauen Sie auf die Tiere. Jedes heißt Sie in seiner eigenen Sprache willkommen. Es könnte Ihr liebstes Tier sein, das Sie in dieser Welt begrüßt, vielleicht ein Hund, der Sie sanft leckt, oder ein Delphin mit einem wundervollen Salto oder ein Schmetterling, der mit den Flügeln flattert – sie alle begrüßen Sie, indem sie sagen: »Ich bin dankbar, daß du geboren bist. Die Welt der Geschöpfe heißt dich willkommen.«

Jetzt sehen Sie die Sterne im All, die überall blinken. Auch sie sprechen zu Ihnen und sagen: »Willkommen, ich bin dankbar, daß du geboren bist! Willkommen in der Welt der Sterne.« Sie spüren, daß Sie eintreten in eine Welt, die Sie respektiert und willkommen heißt. Sie spüren, wie die Dankbarkeit dieser Welt Sie umfängt. Sie atmen sie ein, so daß sie in Ihrem Körper/Geist zirkuliert. Sie empfinden Freude über den Eintritt in das Leben, in eine Welt, die Sie begrüßt, wo Sie so viele schöne Dinge tun können, wo Sie in der Lage sind, Liebe zu geben und bei anderen Dankbarkeit zu wecken.

Denken Sie an einige der großen geschichtlichen Persönlichkeiten – Maler, Philosophen, Musiker, Dichter. Stellen Sie sich vor, daß die Ihnen sympathischen zusammenkommen, um Ihren Eintritt in die Welt zu feiern. In ihrem großen Wissen liegt auch Dankbarkeit. Schönheit, Intelligenz und Liebe sind vertreten, um voller Dankbarkeit Ihre Geburt zu ehren. *Sie* sind ein Wunder, und alle sind gekommen, um Ihnen das zu sagen. Es hat Millionen Jahre der Evolution gebraucht, um Sie hervorzubringen, ein edles Wesen mit gottähnlichem Potential. Pflanzen und Blumen, Tiere und Menschen existieren, um Sie daran zu erinnern und Ihnen zu sagen: »Du bist edel, du bist schön, und wir sind dankbar, daß du in diese Welt gekommen bist.« Und in dieser Geburt liegt Freude. Sie sehen lächelnde Gesichter, lächelnde Blumen und lächelnde Wesen, die um Sie herumtanzen. Die ganze Schöpfung freut sich und ist Ihnen dankbar.

Sie treten ein in eine Welt, wo alle liebevoll sind, eine Welt, wo Geben und Nehmen so natürlich sind wie Atmen. Sie sind dankbar für diese neue Welt. Diese Dankbarkeit ergreift sie, fließt in Sie hinein und wird eins mit Ihrem Blut. Jetzt wissen Ihre Seele und Ihr Körper …

Dankbarkeit ist der Himmel selbst!

Laura Archera Huxley kam als Konzertgeigerin aus ihrem Heimatland Italien in die Vereinigten Staaten. Im Jahre 1956 heiratete sie Aldous Huxley. Sie ist die Autorin der Bücher You Are Not the Target, His Timeless Moment: A Personal View of Aldous Huxley, Between Heaven and Earth, Glücklichsein ist keine Kunst *und* The Child of Your Dreams, *das sie gemeinsam mit Piero Ferruci schrieb.*

Gerald G. Jampolsky und
Diane V. Cirincione

Liebe ist der Weg, den ich in Dankbarkeit gehe

»Liebe ist der Weg, den ich in Dankbarkeit gehe«, ist ein Zitat aus *Ein Kurs in Wundern.* Es ist eine Gehmeditation, die wir gerne zusammen machen. Jeder Schritt erinnert uns daran, daß Liebe der Weg ist, den wir in Dankbarkeit gehen. Und welch schönen Frieden und welche Gelassenheit sie uns gibt.

Ein weiteres Lieblingszitat stammt von Meister Eckhardt, der feststellt, daß das wichtigste Gebet in der Welt nur aus zwei Worten besteht: »Danke schön.« Wir glauben fest daran, daß alles, was uns widerfährt, eine Lehre ist, von der Gott will, daß wir sie annehmen. Unser Leben wird friedlicher, wenn wir die Ereignisse nicht mehr interpretieren und sie statt dessen als einen verborgenen Segen betrachten, unabhängig davon, wie es uns erscheint. Wenn wir unseren Weg im Leben mit einem »Danke schön« im Herzen, einem »Danke schön« in unseren Gedanken und einem »Danke schön« auf unseren

Lippen gehen, verschwindet alle Furcht, die wir festgehalten haben, und die Reinheit der Liebe erscheint wieder. Wenn wir uns über die Welt der Wahrnehmungen emporheben, um in der Welt der Liebe Gottes zu leben, wird »Danke schön« zur Lebensweise. Der Lehrer, der in unserem Herzen wohnt, würde sagen, daß alles, was uns in der Welt der Wahrnehmungen widerfährt, nur eine neue Möglichkeit ist, das Glaubenssystem einer Welt anzunehmen, wo es keine Form gibt, sondern nur Liebe. Wenn wir uns der Liebe, wenn wir uns Gott hingeben, können wir in Achtung voreinander und in Dankbarkeit durch jeden Tag gehen. Stellen Sie sich vor, wie die Welt aussähe, wenn das die einzigen Worte wären, die wir zu Gott und miteinander sprechen würden: »Danke schön!« Wir glauben, daß es jedesmal, wenn wir unsere Dankbarkeit ausdrücken, indem unsere Liebe allen gilt, ein wenig mehr Licht in der Welt gibt und etwas weniger Dunkelheit.

Wie schnell sich unsere Welt verändert, wenn wir lernen, alle Liebe zu erwidern, die uns unablässig von unserer Quelle geschenkt wird. Welche größere Dankbarkeit können wir unserem Schöpfer erweisen, als uns einander und uns selbst zu lieben und das Gesicht Gottes in jedem zu erkennen in dem Bewußtsein, daß es ihn widerspiegelt?

Jerry schrieb vor ein paar Jahren ein Gebet, das wir beide gern morgens sprechen.

In Dankbarkeit für Dich

Mein ganzes Sein pulsiert
mit dem Feuer des Verlangens
nach unsrer ewigen Verbindung.

Mein Atem ist der Deine.
Mein Herz ist ein grenzenloses Leuchtfeuer
Deiner Liebe.

Mein Geist, der Dein ist, ist das Licht der Welt.
Meine Augen leuchten und spiegeln
unsere vollkommene Liebe.
Meine Essenz vibriert mit Dir wie die
Harmonie noch nie gehörter Musik.

Mein Blick, der der Deine ist, kann nur segnen.
Mein Gebet ist ein ewiges Lied der Dankbarkeit,
daß Du in mir bist und ich in Dir,
und daß ich für immer in Deiner Gnade lebe.

Dr. med. Gerald Jampolsky und Diane Cirincione sind verheiratet und leben in Tiburon, Kalifornien. Jampolsky ist Psychiater und Gründer des ersten Zentrums für »Attitudinal Healing« (Heilung von Fehlhaltungen, Einstellungen, A. d. Ü.). Cirincione ist als Unternehmerin tätig gewesen und hat 25 Jahre Erfahrung sowohl in privaten als auch in Großunternehmen. Sie sind gemeinsam Autoren von Weckrufe, *einem Buch, das zeigt, wie wir inneren Frieden erlangen können, indem wir uns in allen Bereichen unseres Lebens spirituelle Prinzipien zunutze machen. Ihre Philosophie gründet sich auf Gedanken von* Ein Kurs in Wundern.

Susan Jeffers

Die Fülle wahrnehmen

Als ich mit den Armen in New York City arbeitete, staunte ich immer über die Dankbarkeit in den Herzen jener, die im materiellen Sinne so wenig besaßen. Wofür waren sie dankbar? Sie waren dankbar, am Leben zu sein, Essen auf ihrem Tisch zu haben, an einem schönen Tag die Sonne zu genießen, gesund zu sein, ihre Freunde und ihre Familie zu haben und ein aktives Mitglied ihrer Gemeinde zu sein.

Gleichzeitig wunderte ich mich immer wieder über den Mangel an Dankbarkeit in den Herzen derjenigen, die im materiellen Sinne so viel besaßen. Wenn Sie mich fragen würden, welche der beiden Gruppen glücklicher ist, würde ich ohne Zögern sagen: Die Armen mit der Dankbarkeit im Herzen.

Ich spreche hier von etwas ganz Einfachem:

Wenn wir uns auf die Fülle ausrichten,
spüren wir Fülle im Leben.
Wenn wir uns auf den Mangel ausrichten,
spüren wir Mangel .
Es ist nichts als eine Frage der Ausrichtung.

Es ist wahr, daß wir Schmerzen in unserem Leben nicht wegleugnen können. Das würde unserer körperlichen und emotionalen Gesundheit schaden. Aber ebenso wichtig ist:

Wir können die Fülle in unserem Leben
nicht verleugnen!

Ich schlage vor, daß Sie für sich ein »Buch der Fülle« schaffen. Notieren Sie jeden Abend, bevor Sie zu Bett gehen, mindestens 50 wundervolle Dinge, die Sie an diesem Tag erlebt haben. »Fünfzig Dinge, Susan! Mir fallen kaum drei ein!« Offenbar haben Sie die Segnungen Ihres Lebens bisher nicht bemerkt! Der Zweck dieser Übung ist, Ihnen dabei zu helfen. Es folgen einige Punkte, die Sie berücksichtigen können:

Mein Wagen ist angesprungen.
Ich bin in der Lage zu gehen. Ich habe etwas zu essen.
Jemand hat mir ein Kompliment gemacht.
Meine Kinder sind heute nicht in Schwierigkeiten geraten.
Ich habe die Wärme der Sonne auf meinem Gesicht gespürt.
Ich habe mit einem meiner besten Freunde gesprochen.
Die Blumen fangen an zu blühen.
Ich habe heißes Wasser in meiner Dusche. Ich atme.
Die Sonne ist herausgekommen.

Die einzelnen Punkte in Ihrem Buch der Fülle müssen keine brillanten Einfälle sein. Es ist sogar besser, wenn sie es nicht sind. Denken Sie immer daran, daß vieles in unserem Leben langweilig erscheinen würde, wenn wir uns nur auf die Geistesblitze konzentrieren. Und das ist bestimmt nicht der Fall! Nehmen Sie zum Beispiel das Atmen. Ist das nicht unglaublich, völlig außergewöhnlich?!

Anfangs mag es viel, viel Zeit kosten, diese 50 Dinge, für die Sie dankbar sind, zu finden. Bald jedoch werden Ihnen die Segnungen leicht aus der Feder fließen. Je mehr Zeit Sie darauf verwenden, nach den Wohltaten in Ihrem Leben Ausschau zu halten, um so müheloser stellen sich diese ein. Der Nutzen ist offensichtlich.

Wenn Sie nach Gutem zu suchen beginnen,
wird Ihre Aufmerksamkeit automatisch vom Schlechten
abgezogen und Sie fühlen sich gesegnet!

Wenn Sie die Fülle wahrnehmen, wird Ihr Leben sich verwandeln!

Ich erinnere mich, wie ich an einem kalten, trüben Wintertag mit meiner Mutter einige Monate vor ihrem Tod im Wohnzimmer saß. Sie hatte große Schmerzen und fühlte sich sehr schwach. Als mir ihre Schmerzen selbst Schmerzen verursachten, sah sie mich an und sagte: »Es ist kalt draußen... hier drinnen ist es mir warm und gemütlich. Meine Tochter ist hier... manchmal hat man eben Glück.«

Das war es! Ich dachte an ihre Schmerzen, während sie an ihr Wohlbefinden dachte. Danke, Mutter, für diese schöne Lektion!

Dr. phil. Susan Jeffers hat Millionen von Menschen dabei geholfen, ihre Ängste zu überwinden und mit Selbstvertrauen und Liebe weiterzugehen im Leben. Sie ist die Autorin von Die Angst vor der Angst verlieren, ... aber lieb sind sie doch. Die notwendige Demontage des Feindbildes Mann, Thoughts of Power and Love *und* End the Struggle and Dance with Life *und weiterer Bücher. Jeffers ist nicht nur erfolgreiche Schriftstellerin, sondern auch eine beliebte Seminarleiterin und öffentliche Rednerin. Sie war bei vielen Radio- und Fernsehsendungen zu Gast. Sie hat auch viele Hörkassetten geschaffen, die sich mit Angst, Beziehungen und persönlichem Wachstum befassen.*

Ione Shockey Jenson

»Gebt Dank in allen Dingen«

(1. Thess. 5:18)

Den Begriff Dankbarkeit kennenzulernen und zu verstehen war für mich ein lebenslanger Prozeß. Ich hatte das Glück in einer Familie geboren zu werden, die auch in harten Zeiten glaubte, daß Gott, wenn man dankbar war für das, was man hatte, den Rest schon besorgen würde. Und natürlich hatten wir immer, was wir brauchten, und ein wenig darüber hinaus, das wir teilen konnten.

Meine Ideen und mein Verständnis des Begriffes Dankbarkeit sind im Laufe der Jahre gewachsen und haben sich erweitert. Wenn ich als Kind Sonntags morgens zwischen meinen Eltern in der Kirche saß, hörte ich oft, wie aus der Heiligen Schrift gelesen wurde: »In allem gebt Dank!« Und mein junger Verstand antwortete: »Ja, man muß für alles Gute im Leben dankbar sein.« Im Laufe meiner Jugendjahre wiederholte ich diese Worte von Zeit zu Zeit und lernte dankbar zu sein für viele Dinge. Ich drückte meine Dankbarkeit aus für Geschenke, die ich bekam, für Gefälligkeiten, die man mir erwies, für Möglichkeiten der Weiterbildung, mit denen ich nicht gerechnet hate, und für all die guten Zeiten und Freunde, denen ich begegnete.

Als junge Bauersfrau lernte ich dankbar zu sein für wundersame und einfache Dinge wie den kühlenden Regen an einem heißen Sommertag, der unseren dürstenden Feldfrüchten die dringend nötige Feuchtigkeit gab. Nachdem in einem Jahr ein plötzlicher Gewitter- und Hagelsturm unsere Maisernte vernichtet hatte, konnte ich sogar für die magere Ernteversicherung Dankbarkeit empfinden, die uns helfen würde, den Verlust zu überleben und uns ermöglichte, ein weiteres Jahr auf der Farm zu bleiben.

Es war leicht dankbar zu sein, wenn ich als junge Mutter für das kostbare Geschenk meiner Kinder voller Freude und überschwenglich Dank sagte. Ich sorgte für sie mit überfließendem Herzen und sah, wie sie heranwuchsen und sich schließlich zu den schönen Männern entwickelten, die sie jetzt sind. Mein Leben war erfüllt von Dankbarkeit für die Wärme und Verbundenheit unserer Familie. Es gab immer so vieles, was ich zu schätzen wußte, und ich habe oft aufrichtige Dankgebete gesprochen, wenn ich meine Wohltaten zählte.

Als Erzieherin war ich mit großem Stolz und Freude bei der Arbeit. Ich war immer dankbar dafür, daß ich meine Tätigkeit liebte und durch sie etwas in der Welt verändern konnte. Ich war dankbar, daß ich das junge Leben so vieler Kinder begleiten konnte, daß mir so viel Liebe entgegengebracht wurde, und daß mir so viele unbegrenzte Möglichkeiten offen standen. Ich fühlte mich wahrhaftig gesegnet.

»Gebt Dank in allen Dingen!« Eines Tages (vor 21 Jahren) fiel beim Durchstöbern einer Buchhandlung mein Auge auf ein Buch mit dem faszinierenden Titel *From Prison to Praise* von Merlin Carothers. Dieses Buch brachte mir einen faszinierenden Gedanken nahe. Der Autor war überzeugt, daß in allem Dank zu geben bedeutet, für alles dankbar zu sein, also für Gutes und Schlechtes gleichermaßen. Zwar war mir diese Vorstellung neu, doch Carothers trug seine Auffassung überzeugend vor, und so beschloß ich, es auszuprobieren. Nicht weiter überraschend entdeckte ich eine neue Dimension der Dankbarkeit und stellte fest, daß Dankbarkeit sogar in »schlechten Zeiten« Kraft gab.

Dankbarkeit auch in schlechten Zeiten auszudrücken, wenn alles schiefging, war viel schwieriger, doch das Resultat war verblüffend. Ich entdeckte, daß die Stelle in der Heiligen Schrift »Gott wohnt in der Lobpreisung seines Volkes« uns daran erinnern soll, daß Dankbarkeit eine Wende herbeiführen kann, und wenn ich danach handelte, erfüllte es mich mit der Kraft, alles zu überwinden, was mir in der äußeren Welt widerfuhr. Schließlich konnte ich erkennen, daß das, was mir oft als negativer Umstand erschien, in Wirklichkeit den Angelpunkt für eine neue Richtung bildete. Oft konnte ich rückblickend erkennen, daß es ein versteckter Segen war, der mich an einen tieferen und sinnvolleren Ort geführt hatte.

Seit ich vor Jahren diesen wunderbaren Aspekt des Danksagens entdeckt habe, stelle ich fest, daß Dankbarkeit meine Tage mit Vorfreude füllt. Denn ich halte Ausschau nach den Segnungen um mich herum, und sie entfalten sich eine nach der anderen in großartiger Synchronizität. Jeden Morgen segne ich meinen Körper dafür, daß er »die äußerste Schicht meiner Seele« ist und mir so wirkungsvoll dient, während ich durch die Lektionen und Freuden meines Lebens hindurchgehe. Ich bin dankbar für die Freundschaft und Kooperation zwischen mir und meinem Körper. Vor vielen Jahren fing ich an, meine Tageszeitung als Gebetsliste zu verwenden. Während ich für diejenigen bete, deren Geschichten dort erzählt werden, finde ich viel, wofür ich in meinem eigenen Leben dankbar sein kann.

Ich studiere seit vielen Jahren meine Träume, und gelegentlich umgeht meine Psyche den symbolischen Prozeß. Ich wache auf mit einer Botschaft in Worten, mit einem oder zwei Sätzen, die mir durch den Kopf gehen. Diese Botschaft schreibe ich sofort auf, bevor ich sie vergesse. Eines Morgens wachte ich mit den Worten auf: »Gehe durch Deine Tage in einer dankbaren Haltung.« Als ich über die verschiedenen Bedeutungsebenen dieser Worte nachdachte, wurde mir klar, daß Dankbarkeit ebenso eine Sache des Willens wie ein Gefühl oder eine Empfindung sein kann. Man kann Dankbarkeit als Lebensstil wählen.

»In allem gebt Dank!« Jetzt kann ich für den Lernprozeß, der in einer Krankheit oder in einer Zeit der Verwirrung enthalten ist, ebenso Ehrfurcht und Dankbarkeit empfinden wie für einen Sonnenuntergang an der Küste. Ich kann dankbar sein für meinen unerschütterlichen Glauben an die göttliche Ordnung, wenn mein Kind eine lebensbedrohende Krankheit durchmacht, über die ich keine Kontrolle habe. Dabei kann ich immer noch neue Lektionen und Bedeutungen, die darin liegen, entdecken. Ich bin dankbar für die Zeiten der Verbundenheit mit denen, die ich liebe, und ich bin ebenso dankbar für die Zeiten des Streits und der Entfremdung, die für mich bedeuten, daß ich neue Einsichten gewinnen muß. Ich bin wahrhaftig dankbar, die Macht der Dankbarkeit in meinem Leben entdeckt zu haben, und ich werde immer weiter allen Dingen Dank sagen!

Ione Shockey Jenson ist Beraterin, Traumtherapeutin und Lehrerin. Sie hat Diplome in Pädagogik, Psychologie und Counseling erworben. Gemeinsam mit Julie Keene schrieb sie das Buch Women Alone: Creating a Joyous and Fulfilling Life. *Sie ist auch Autorin des im Eigenverlag erschienenen* Buches Empowering the Child from within: Education and Parenting for the Twentyfirst Century. *Seit einigen Jahren leitet Jenson Workshops und führt privat spirituelle Beratungen durch. Sie ist Mitbegründerin des Holo Centers, einer Gemeinschaft in Hayden Lake, Idaho, die Retreats durchführt.*

Elizabeth A. Johnson

Dankbar ist gut

Ich mag keinen Schnee.
Naßkalte Winde erfreuen
und begeistern mich nicht.
Die Pracht des harten Winters
freudig zu preisen
wäre für mich
ein Lügenlied.

UND DOCH
Welch anmutige Pracht, welch heitere Stille, wenn der fette Vollmond winzige Strahlen schickt, um sich auf den Schneeflocken zu spiegeln, die wie ein Brautschleier auf den Armen großer Bäume ruhen. Die absolute Stille des Mittwinterabends vereint oben und unten in solch perfekter Symmetrie, daß mein Herz weit wird und ich fast weinen muß bei dieser großen Schönheit, der größeren Ruhe und der größten Einheit von allem. Danke schön!

Ich finde keinen großen Gefallen
an Dingen, die auf dem Eis
gleiten und schlingern
wie Autos und Füße
oder einstelligen Temperaturen
unter oder über Null.

UND WEITER

Ich danke Beauty Blue, meinem Wagen, und den prächtigen Leuten, die seine ausdauernde, langlebige Batterie hergestellt haben. Zugleich meine aufrichtigste, wirklich und wahrhaftig aufrichtige Anerkennung für den Erfinder von Autoheizungen. Und da ich schon dabei bin, nehme ich mir einen Augenblick Zeit, um meinen Füßen fürs Tanzen zu danken. Und ich schicke jedem Winter-Tänzer, der einen Weg zur Tür des Studios vom Eis befreit und sich zum Aufwärmen hinkauert, einen freundlichen Wunsch. Ich danke dem T'ai-chi für alles!

Mein Geist macht keine Freudensprünge
wegen klatschnassen Handschuhen, im Wind
tränenden Augen, kalten Ohren, der roten Nase,
fast erfrorenen Fingern und Zehen,
Eiszapfen, die sich im Haar bilden,
oder wenn ich meine Handschuhe
über Nacht
im Wagen lasse.

UND EBENFALLS

Ich erweise glücklich und von Herzen meine Dankbarkeit: der Suppe, flauschigen Pantoffeln, einem großen Bademantel, Ohrenwärmern, Gospelchören mit klatschenden Händen, der Sonne, dem Kunterbunt der Frühlingsblumen, den

Tröstern, den Weckern fürs Nickerchen, heißem Wasser, dem offenen Kamin, strahlendblauen Himmeln, roten Socken, der guten Idee, mehrere Schichten Kleidung übereinanderzuziehen, der Sonne, der Flannelbettwäsche, meinem Hund, der auf Schneeverwehungen klettert, und meiner Katze, die das nicht tut, heißem Tee mit Milch, Beinwärmern, Freunden in großen Pullovern, der Sonne, den Schafen, die von ihrer Wolle abgeben, Schneemännern/Frauen, neuen Winterfrisuren und Lady Clairol, der Sonne, Kleinkindern, die in farbigen Winteranzügen herumwatscheln, einem heißen Grog, Stiefeln, Blumen aller Arten und, o ja, der Sonne.

Es reißt mich nicht vom Hocker,
wenn Teile des Lebens geschlossen sind oder ausfallen
wie die Schule und die Arbeit, alle Tanzkurse und
Flughäfen, Straßen, Supermärkte, Tankstellen.
Schnee. Schnee. Schaufeln. Schnee.
Vereinzelte kleine Schneeflocken!

Und daher

Mein Engel Auriel Rose kichert, wie ich mich zum Fenster umdrehe und die lachenden halbwüchsigen Nachbarskinder sehe, die meine Zufahrt mit ihrer Schneemaschine zuschütten. Der Postbote bahnt sich in schicken Stiefeln seinen Weg, wobei er laut und klar singt. Das erinnert mich daran, daß Gott gerne lacht. Ich sitze in meiner Küche. Regenbögen, von Kristallen hervorgebracht, huschen über die Wände. Nichts zu tun heute. Der Schnee ist ziemlich massiv. Man kann nirgendwo hingehen. Nichts zu tun heute. Also beschließe ich, ich werde heute denken! Über viele Dinge aus der Vergangenheit-Gegenwart-Zukunft. Alle Dinge, die verbinden. Große, kleine, liebe Dinge. Dinge des Universums und von mir, Dinge aus dem fernen Hinterland von New

York und von Christenstaad, St. Croix. Fröhliche Dinge, nachdenkliche Dinge. Danke, danke, danke Euch Dingen.

Und wenn der Mond, meine Schwester, leuchtend hoch am Himmel steht, werden Auriel Rose und ich nach draußen gehen, und wir werden einen perfekten Schnee-Engel abgeben. Das wird eine wundervolle winterliche Danke-schön-Notiz sein. Dann können alle unsere Dankbarkeit sehen, und wie freudvoll sie ist.

Elizabeth A. Johnson ist die Autorin des Buches As Someone Dies: A Handbook for the Living. *Gemeinsam mit Lucia Capacchione schrieb sie das Buch* Lighten Up Your Body, Lighten Up Your Life. *Sie hat in den Vereinigten Staaten landesweit Musik-, Tanz- und Theateraufführungen produziert und setzt sich für zahlreiche Programme zur künstlerischen Ausbildung ein. Johnson hat lange Zeit östliche und westliche Bewegungskunst und Philosophie studiert. Sie ist ausgebildete T'ai-chi Lehrerin, Jazz- und Stepptänzerin.*

Patrice Karst

Großartige Tage

Als Mutter eines kleinen Kindes habe ich oft unter dem Ich-Arme-Blues gelitten. Ein Kind alleine aufzuziehen ist die größte Herausforderung, der ich je begegnet bin – emotional, körperlich und spirituell. Wenn Einsamkeit, Angst, Langeweile und Erschöpfung zum Zuge gekommen sind, kann man wirklich alt werden. Und wie oft ich mir auch gesagt habe, daß ich im Vergleich zu den anderen sechs Milliarden Seelen auf dem Planeten ein gesegnetes Leben führe, mußte ich dennoch vor kurzem feststellen, daß ich den Zustand des Friedens, den ich mir gewünscht habe, nicht erreiche.

Daher nahm ich mir etwas vor, das mich beschäftigen und von meinem Existenzkampf ablenken sollte. Mein allabendliches Ritual vor dem Einschlafen besteht darin, Gott für etwas zu danken, was ich im Laufe des Tages erlebt habe, etwas, wofür ich wirklich dankbar bin. Nun raten Sie mal, was geschehen ist? Ein Wunder! Ich stelle fest, daß ich mich die meiste Zeit des Tages in einem Zustand der Gnade und der Dankbarkeit bewege. Und während ich in Gedanken den Tag durchgehe auf der Suche nach meiner »Hausaufgabe«, kann ich erkennen, wie viele wertvolle Ereignisse im Laufe von 24 Stunden stattfinden.

Von den einfachsten Momenten, wenn zum Beispiel die Windglocken meines Nachbarn in einem Luftzug klingen, bis zum freundlichen Lächeln im Gesicht des Tankwartes, bis zu der Wärme in meinem Herzen, wenn mein Sohn Eli vom Spielen hereingerannt kommt, nur um mir zu sagen, daß er mich liebhat »größer als der Ozean, der Himmel und hundert Billionen Monde«, habe ich jetzt offenbar jeden Abend eine lange Liste!

Staunen erfaßt mich (und tiefe Erleichterung), denn wie überwältigend und furchterregend diese Reise auch ist, die man »Leben« nennt, wenn ich zur Ruhe komme, wird mir klar, daß sie sich aus Hunderttausenden von »Momenten« zusammensetzt, von denen die meisten ziemlich wunderbar sind, wenn ich mir nur die Zeit nehme, sie wahrzunehmen und zu würdigen.

Laßt uns alle daran denken, das Göttliche in allem zu erkennen und zu spüren – von einem kühlen Eistee an einem milden Tag bis zu der Wärme der Decken, die uns in der Nacht einhüllen und es uns behaglich machen. Und laßt uns aufmerksam sein gegenüber all den Wundern, die wahrhaftig um uns sind, wenn wir die Augen haben zu sehen und die Ohren zu hören.

Patrice Karst ist die Autorin des Buches God Made Easy: A Simple Guide. *Sie ist die meiste Zeit ihres Lebens Schriftstellerin und spirituelle Sucherin gewesen. Sie spricht zu ihren Zuhörern über das Wunder, das sich vollzieht, wenn sie Gott auf die ihnen angenehmste Weise in ihr Leben bringen. Sie wohnt mit ihrem Sohn Elijah in Los Angeles am Strand, wo sie Spaß haben beim Wandern, auf Eiskremparties und beim Beobachten von Sternschnuppen.*

Julie Keene

Segne alles!

Dankbarkeit und Vertrauen sind nahe verwandt. Um für jeden und für alles in meinem Leben dankbar zu sein, brauche ich Vertrauen darin, daß das Universum einen Sinn hat, daß alles, was meine Seele in diesem Leben erfahren wollte, letztlich meinem höchsten Wohl dient. Ich vertraue darauf, daß ich, selbst wenn ich scheinbar versage, nur dabei bin zu lernen. Ich gebe mir große Mühe, mein Leben zu segnen, wie es ist, die Katastrophen ebenso wie die sogenannten Triumphe. Ich muß oft an eine Zeile von Kiplings Gedicht *If* denken: »Wenn du Triumph und Katastrophen gegenübertreten kannst und diese beiden Hochstapler gleich behandelst.«

Wenn ich mich daran erinnere, daß ich ein Schüler in der irdischen Schule bin, der diejenigen Lektionen auswählt, die dem Ziel meiner Seele förderlich sind, kann ich bereitwilliger alle Umstände in meinem Leben gut heißen. Natürlich frage ich mich manchmal, wenn ich von einem meiner weniger erleuchteten Teile ausgehe: »Warum habe ich gerade dieses Elend gewählt?« Doch Dankbarkeit für die letztendliche Gerechtigkeit des Universums und das Vertrauen darin sind das beste Gegenmittel für die giftigen Gefühle des Selbstmitleids und des Grolls. Mir ist es unmöglich, gleichzeitig Dankbarkeit und negative Gefühle zu erleben. Die Schriftstellerin Elisabeth Kübler-Ross gibt uns zu bedenken: »Wenn wir die Canyons vor den Stürmen abschirmen würden, würden wir nie die Schönheit ihrer kunstvollen Felsformationen sehen.« Ich habe gelernt, die Stürme, die mein Leben geformt haben, zu segnen und dafür zu danken.

Als meine Seele in der Erdenschule ankam, sorgte sie für einige schwierige Aufgaben. Viele Jahre vergingen, bis ich lernte, den Segen in diesen Erfahrungen zu erkennen. Als ich aufrichtig anfing, deren Zweck zu verstehen und Dankbarkeit dafür zu empfinden, gelangte ich aus der Dunkelheit meines Gefängnisses in das Licht der Freiheit und der Freude.

Obwohl auf meiner Geburtsurkunde der Stempel »illegitim« stand, bin ich dankbar dafür, daß ich jetzt weiß, daß Gott keine illegitimen Kinder hat. Ich erkenne Gottes Anwesenheit in mir an und respektiere meinen inneren Wert, während ich mich daran mache, meine legitimen Aufgaben in der Erdenschule zu erfüllen. Obwohl ich als Kind körperlich und sexuell mißbraucht wurde, bin ich dankbar dafür, daß ich jetzt weiß, daß mein Geist unzerstörbar ist und durch nichts Schaden nehmen kann, was dem irdischen Kleid angetan wird. Obwohl ich »gescheiterte« Beziehungen erlebt habe, bin ich dankbar dafür, daß jede Beziehung einzigartige Möglichkeiten bietet, Liebe und Vergebung zu praktizieren, Möglichkeiten, mich selbst tiefer kennenzulernen. Ich bin dankbar dafür, daß es möglich ist, auch dann noch aus Beziehungen zu lernen, wenn sie vorüber sind.

Mein ältester Sohn Richard starb, als er neun Jahre alt war, und ich bin überaus dankbar dafür zu wissen, daß jede Seele ihre Erfahrungen in der Erdenschule wählt, einschließlich des Zeitpunktes und der Art und Weise des Abschieds von der irdischen Ebene. In Wirklichkeit gibt es keinen Tod. Die Seele ist alterslos und ewig, und die Liebe kennt keine räumlichen oder zeitlichen Barrieren. Mein zweiter Sohn Robert starb beinahe, als er zwei war, und litt als Folge der Krankheit an einem Hirnschaden. Ich bin dankbar dafür zu wissen, daß Robert sich diese Lektion der Erdenschule ausgesucht hat und ich als seine Mutter diese Erfahrung mit ihm teilen kann. Es hat mir viel Schmerzen bereitet, ihn mit dem Leben kämpfen zu sehen, aber er hat mir bedingungslose Liebe abverlangt, und ich habe sie dadurch von ihm gelernt. Was für ein großes Geschenk!

Wenn ich auf mein Leben zurückblicke, kann ich die Schönheit sehen, die die Stürme freigelegt haben. Ich vertraue darauf, daß gegenwärtige und zukünftige Schwierigkeiten weiteres seelisches Wachstum fördern werden. Mein Herz ist voller Dankbarkeit für all die Menschen und Ereignisse in meinem Leben, weil ich jetzt ihre höhere Absicht verstehe. Mein Herz fließt über vor Dankbarkeit für die göttliche Liebe, die uns alle umfängt, führt, schützt und erhält!

Julie Keene war früher Professorin an der Ferris State Universität in Michigan, dann diente sie als Pastorin in verschiedenen Unitarier-Kirchen. Sie ist (zusammen mit Ione Jensen) Autorin von Women alone: Creating a Joyous and Fulfilling Life. *Sie hat auch ein autobiographisches Werk verfaßt mit dem Titel* From Soap Opera to Symphony. *Jetzt arbeitet und lebt sie am Holo Center, einem Ort des Rückzugs und der Sammlung, in Hayden Lake, Idaho, wo sie Seminare leitet, die sich mit spirituellem und psychischem Wachstum befassen.*

Kimberley Lockwood

Dankbarkeit: eine der wichtigsten Lehren des Lebens

Dankbarkeit ist eine der wichtigsten Lehren des Lebens. Sie kann auch eine der einfachsten sein, wenn wir sie gleich von Anfang an lernen.

Wennn ich als Kind »Danke schön« sagte, tat ich das, was mir meine Eltern beigebracht hatten. Ich hatte nicht das echte Gefühl von Dankbarkeit. Es war das, was meine Eltern »gute Manieren« nannten.

Während ich heranwuchs, wurde diese Praxis nur eine gute Gewohnheit: »Sei immer höflich, sei immer respektvoll gegenüber Älteren, sag immer Bitte und danke.«

Als Erwachsene begann ich die Dinge um mich herum zu schätzen – wie schön die Berge im Herbst sind, die schneebedeckten Gipfel im Winter, die leuchtenden Farben der Frühlingsblumen und wie sauber die Luft riecht, nachdem es geregnet hat. Ich fing an, die Schönheit der Welt zu erkennen. War das Dankbarkeit, was ich fühlte?

Zeit verstrich, und ich genoß das Leben und was es zu bieten hatte. Ich fand den wundervollsten Partner. Wir wurden Freunde, und unsere Liebe füreinander wuchs. Wir gingen durch harte Zeiten, aber als Paar wurden wir dadurch stärker. Ein Jahr später heirateten wir.

Alles war so wundervoll! Jetzt war es an der Zeit, sich niederzulassen und unser gemeinsames Leben zu beginnen. Aber statt dessen spielten wir eine Zeitlang verrückt. Wir machten einfach, was wir wollten, wann immer wir wollten. Wenn wir etwas haben wolten, kauften wir es. Es spielte keine Rolle, ob wir das Geld hatten oder nicht; wir machten einfach Schulden.

Nach einer Weile hielten wir inne und sahen uns an – es war kein schöner Anblick! Wo war unsere Dankbarkeit geblieben? Wir nahmen alles für selbstverständlich und wußten das nicht zu schätzen, was wir hatten. Wir wollten nur mehr, mehr, mehr.

Die Zeit kam, unser Leben in Ordnung zu bringen. Wir eröffneten ein Sparkonto, bezahlten alles nur noch bar und hörten damit auf, übertriebene Geschenke zu machen. Uns wurde klar, daß unsere Familienangehörige und Freunde uns lieben würden, gleichgültig wieviel wir für sie ausgeben.

Es war nicht einfach, aus unserem finanziellen Loch herauszukommen. Ich bin wirklich heilfroh, daß ich heutzutage etwas Geld in meiner Brieftasche habe!

Dann wurde ich schwanger, eine wunderbare Überraschung für meinen Mann und mich. Während die Monate verstrichen und dieses kleine Leben in mir wuchs, wuchs auch unsere Dankbarkeit. Daß wir dieses Wunder erleben durften war das größte Geschenk, das uns jemals gemacht worden war.

Das Gesicht meines Mannes zu beobachten, als unsere Tochter geboren wurde und ihm überreicht wurde, war unglaublich – seine Augen waren voller Freudentränen. Man konnte die Liebe sehen, die er empfand. Als er sie dann in meine Arme legte, und ich nur sagen konnte »Dank Dir, Gott!«, liefen uns die Tränen über das Gesicht. Wir waren wahrhaftig gesegnet. Als ich in die Augen meiner Tochter schaute, war ich von Liebe und Dankbarkeit völlig überwältigt. Sie war ein Engel Gottes.

Endlich hatte ich das äußerste Gefühl von Dankbarkeit. Ich spüre dieses Gefühl jeden Tag. Dankbarkeit ist ein besonderes Geschenk. Nehmen Sie nichts für selbstverständlich. Lieben und schätzen Sie alles in Ihrem Leben. Es ist da, um daraus zu lernen.

Und wenn Sie »danke« sagen, empfinden Sie auch wirklich Dankbarkeit. Ich tue das!

Kimberley Lockwood ist eine Reisende auf dem spirituellen Weg, die aufgrund ihrer sonnigen, positiven Einstellung zum Leben Inspiration und Vorbild für ihre Familie und ihre Freunde ist. Sie ist sehr dankbar für ihre Rolle als Frau und Mutter für Barry und Brittany Lockwood. Sie ist die persönliche Assistentin von Louise L. Hay und schätzt ihre Familie, Louise und die Kirche der »Religious Science« als Katalysatoren für ihren eigenen Wachstumsprozeß. Sie lebt in La Costa, Kalifornien.

Sir John Mason

So viele Wohltaten

Ich bin 68 Jahre alt, und ich habe nichts in meinem Leben, wofür ich nicht dankbar sein könnte. Ich bin dankbar für all die Menschen, die mir so viele Gründe geben, dankbar zu sein. Ich bin mit so vielen Wohltaten gesegnet, daß ich sie nicht mehr zählen kann.

Ich werde zunächst versuchen, einige meiner persönlichen Segnungen aufzuzählen und dann zeigen, welche Segnungen ich mit anderen in der Welt teile.

Persönliche Segnungen

Meine Eltern gaben mir eine hohe Intelligenz, Motivation und ein sicheres und glückliches Zuhause. Sie unterstützten mich darin, dank des ausgezeichneten Unterrichts Stipendien zu gewinnen, die meine Ausbildung finanzierten.

Es mag politisch nicht korrekt sein, das zu sagen, aber ich schätze mich glücklich, daß ich als Heterosexueller geboren wurde, weil der größte Segen meines Lebens meine 40jährige Ehe mit einer wundervoll geduldigen und liebevollen Frau ist, der ich natürlich unendlich dankbar bin. Hoffentlich denke ich daran, ihr das zu sagen. Sie schenkte uns zwei großartige Kinder, die nicht nur glücklich und erfüllt sind, sondern auch untereinander und mit uns Kontakt haben.

Vor 29 Jahren waren meine beiden Lungenflügel von Metastasen (sekundärer Krebs) bedeckt, nachdem mir ein Nierentumor entfernt worden war. Man sagte mir, daß ich weniger als ein Jahr zu leben hätte. Meine Informanten irrten sich, aber um mir ihren guten Willen zu zeigen, gaben sie mir ein experimentelles Medikament, das mir, wie sie sagten, nicht schaden könne und das ich noch heute jeden Tag nehme. Ich bin denjenigen, die es hergestellt haben, dankbar, auch wenn ich die einzige Person in der Welt bin, die die Behandlung mehr als fünf Jahre überlebt hat.

Aber ich bin auch dankbar für die heftige Wut, die mein Zustand in mir ausgelöst hat, und die sicherlich maßgeblich dazu beigetragen hat, daß ich meinen Lungenkrebs besiegt habe. Wenn ich nicht zwei Hüften aus Titan hätte, könnte ich nicht gehen. Ebensowenig könnte ich sehen, wenn ich nicht nach meiner Erkrankung am grauen Star zwei Intraokularlinsen bekommen hätte. Mein Dank an die, die das ermöglicht haben.

Gemeinsame Segnungen

Als ich in den dreißiger Jahren ein Junge war, starben zwei Freunde an Scharlach und Diphterie. Jetzt kennt man das nicht mehr, aber ich erinnere mich, daß damals jeder ein oder zwei kreisförmige Narben an seinem linken Oberarm hatte: Impfung gegen Pocken. Es ist weniger als 20 Jahre her, daß für Überseereisen eine Impfbescheinigung erforderlich war. Doch jetzt sind Pocken, die mörderischste Seuche der Geschichte, ausgelöscht. Das ist noch mehr ein Wunder als ein Grund zur Dankbarkeit oder ein Segen.

Ich erinnere mich an die Plage der Tuberkulose: Nicht so sehr eine romantische Krankheit wie bei Keats und den Brontës, sondern eine schreckliche Plage, sozial und medizinisch. Sie ist jetzt praktisch verschwunden, und wir schulden denjenigen unsere Dankbarkeit, die ihre Beseitigung erreicht haben. Ich erinnere mich daran, nicht im örtlichen Schwimmbad schwimmen zu gehen aus Angst, mich mit Kinderlähmung anzustecken! Erinnern Sie sich an Kinderlähmung? Laßt uns Dr. Salk dankbar sein!

Laßt uns dankbar sein, daß wir offen über Krebs reden können, was vor 30 Jahren tabu war. Weil wir jetzt darüber sprechen, können wir frühzeitiger und wirkungsvoller behandelt werden. Ich bin dankbar, daß ich Krebspatienten von meiner Gechichte erzählen und ihnen Mut machen kann, daß es für sie Hoffnung gibt.

Als Vater bin ich vor allem dankbar dafür, daß mein Sohn nicht lernen mußte, seine Mitmenschen im Krieg zu töten, was sowohl ich als auch mein Vater tun mußten.

Es ist hoffentlich deutlich geworden, daß ich glaube, daß *die Welt im Laufe meines Lebens ein besserer Ort geworden ist,* und daß ich mich glücklich schätzen kann, in dieser Zeit gelebt zu haben. Ich bin den Mitmenschen, die das bewirkt haben, ob ich sie kenne oder nicht, zutiefst dankbar.

Sir John Mason wurde 1927 in Manchester, England geboren. Seine Ausbildung erhielt er in Manchester und Cambridge. Er diente im Zweiten Weltkrieg und im Korea-Krieg der britischen Armee. Sir John stand im diplomatischen Dienst und war von 1980 bis 1984 englischer Hochkommissar in Australien. Seitdem lebt er in Australien, wo er Präsident vieler großer Firmen war. 1980 wurde er in den Adelsstand erhoben.

Emmett E. Miller

Dankbarkeit: eine heilende Einstellung

Sehen Sie sich mein Leben an! Soll ich Dankbarkeit empfinden oder bin ich betrogen worden? Ist das Glas halb leer oder halb voll?

Ich kann mich darüber beschweren, daß Rosenbüsche Dornen haben, oder ich kann dankbar sein, daß einige Dornenbüsche Rosenblüten haben. Auf der rein intellektuellen oder »wissenschaftlichen« Ebene sind diese beiden Einstellungen äquivalent. Aber im wirklichen Leben macht es einen riesigen Unterschied, für welche wir uns entscheiden.

Wenn wir uns als Opfer sehen, ergibt sich daraus ein Gefühl von Hilflosigkeit, das sich auf das ganze System überträgt. Die körperliche Folge davon kann eine Fehlfunktion oder ein Zusammenbruch eines Organs oder eines Organsystems sein.

Ob wir Dankbarkeit und Fülle oder Verlust, Mangel und Groll empfinden, es entsteht dabei ein entsprechender chemischer Zustand im Innern. Dieser Zustand erzeugt wiederum charakteristische Verhaltensweisen: Gesundheit oder Krankheit, Kräftigung/Kraftlosigkeit, Erfüllung/Unzufriedenheit, Erfolg/Mißerfolg.

In meiner medizinischen Praxis (Geist/Körper-Medizin) wird die Bedeutung der Dankbarkeit auf psychophysiologische Art ganz deutlich – dankbare Leute heilen schneller. Sie sind mit größerer Leichtigkeit in der Lage, schädliche Verhaltensweisen aus ihrem Leben zu eliminieren. Sie sind glücklicher.

In mehr als 20 Jahren Praxis habe ich eine interessante Entdeckung gemacht. Auf der einen Seite gibt es Menschen, die das, was sie von mir lernen, annehmen und tiefgreifende Veränderungen in ihrem Leben erfahren. Andererseits gibt es welche, deren Symptome und Krankheiten völlig unverändert bleiben, die Schwierigkeiten haben, gesund zu werden oder ihre Verhaltensweisen zu ändern. Den Patienten, die für unsere Sitzungen dankbar sind, die die Energie und die Ausrichtung schätzen, die ich ihnen gebe, geht es gut. Diejenigen, die argwöhnisch und mißtrauisch sind, die meinen, die Sitzungen sollten länger oder nicht so teuer sein, die sich fragen, ob sie »ausgenommen« werden, verändern sich viel langsamer. Aus der Folge der Ereignisse ergibt sich deutlich, daß die Dankbarkeit (oder der Mangel daran) an erster Stelle steht.

Die Art, wie wir die Welt sehen, formt unsere Reaktionen auf die Herausforderungen des Lebens. Ein Gefühl von Dankbarkeit gibt uns die Kraft, kluge Entscheidungen zu treffen, bestimmt wie wir uns fühlen, was wir sagen, was wir glauben, was wir tun. Wie anmaßend von uns, die wir reicher sind und zehnmal so viel Ressourcen verbrauchen als 95 Prozent der Weltbevölkerung, die wir gewöhnlich 25 Jahre länger leben als unsere Urgroßeltern, die wir uns in persönlicher Freiheit und in unserem Potential sonnen, uns auf das »halbleere« Glas auszurichten. Dankbarkeit bringt uns dazu zu erkennen, was uns zur Verfügung steht und was wir entwickeln können. Schließlich gibt es nichts, womit man im leeren Teil des Glases arbeiten könnte.

Ohne eine dankbare Haltung tritt ein Gefühl des Mangels ein, das beispielsweise denen wohlbekannt ist, die zu den 60 Prozent Übergewichtigen in Amerika gehören. Ähnlich verhält es sich mit Rauchern, Trinkern und anderen Drogenabhängigen, deren Lebensqualität sich ständig verschlechtert, die unfähig sind, die scheinbar einfachsten Entscheidungen umzusetzen, von denen sie sagen und wirklich glauben, daß sie sie treffen wollen. Solche Menschen befinden sich unfreiwillig in einem Zustand der Verleugnung – einer Verleugnung ihres inneren Reichtums. Wären sie sich der Fülle ihres Selbst bewußt, würden ihre zwanghaften Verhaltensweisen verblassen. Ohne ein Gefühl dafür, wer Sie wirklich sind, ist es schwierig, den wirklichen Wert von irgend etwas, das in Ihrem Leben geschieht, festzustellen, außer auf der unmittelbaren und flüchtigen Ebene der sofortigen Befriedigung.

Teufelskreis, Himmelskreis

Wenn wir dankbar sind, nehmen wir aus unserer Fülle heraus Verbindung auf mit anderen. Sie fühlen sich angenommen und von unserer Energie angezogen. Groll, Bitterkeit und Opferrollen wirken abstoßend auf andere, und wir erfahren weniger Unterstützung von ihnen. In ähnlicher Weise führt unser Mangel an Dankbarkeit zu Hilflosigkeit und Krankheit, und wir fühlen uns »betrogen«, daß unsere Gesundheit sich verschlechtert, wohingegen andere es sich gutgehen lassen.

Erlernte Dankbarkeit

Auf dem Gebiet der Psychoneuroimmunologie sind wir jetzt sicher, daß Emotionen, Glaubenssätze und Interpretationen (unsere Landkarte der Welt) eine tiefgreifende Wirkung auf die Funktionsweise des Körpers haben, einschließlich der Entscheidung, ob wir krank werden oder der Krankheit widerstehen. Am drastischsten sind die Untersuchungen über »erlernte Hilflosigkeit«. Wie auch immer die Wandlungen oder Krisen in unserem Leben beschaffen sein mögen, wenn wir uns ihnen gegenüber hilflos fühlen, ist es sehr viel wahrscheinlicher, daß wir krank werden.

Der Geisteszustand, den wir Dankbarkeit nennen, ist nach meiner Auffassung nicht angeboren, sondern wird erlernt. Dankbarkeit läßt uns erfüllt, ganz und in Ordnung fühlen – wir haben alles, was wir brauchen und was uns zusteht. Wir gehen mit einem Wertgefühl durch die Welt. Das breite Spektrum an Erfüllung, das möglich ist, führt zu der Fähigkeit, dankbar zu sein. Ohne Dankbarkeit besteht die Neigung, sich unvollständig, betrogen und mangelhaft – mit einem Wort, hilflos zu fühlen.

Wenn Sie nicht das Glück gehabt haben, daß man Ihnen als Kind eine dankbare Einstellung beigebracht hat, dann spüren Sie vielleicht von Zeit zu Zeit, wie Sie in Verzweiflung und Gefühle von Trotz und Erfolglosigkeit abgleiten. Das passiert mir immer noch vereinzelt, und wenn es auftritt, dann denke ich einfach mit Dankbarkeit daran, warum ich das tue, was ich tue, an meine persönliche Lebensaufgabe und meine Vision. Es mag einige Zeit dauern, aber mit innerer Ausrichtung und Vorstellungskraft, kommt meine Einstellung immer zurück. Ich bin schließlich genau wie Sie »das, was ich glaube zu sein«.

Dr. med. Emmett E. Miller berät seit mehr als 25 Jahren erfolgreich, wie man seine Gesundheit und sein Wohlbefinden verbessert. Seine Entspannungs- und Phantasiereisenkassetten I am, Letting Go of Stress *und* Healing Journey *sind weltweit als Standard akzeptiert und weit verbreitet bei olympischen Sportlern, Geschäftsleuten, Ärzten und anderen in Heilberufen Tätigen. Sein neues Buch heißt* Deep Healing: The Essence of Mind/Body Medicine.

Dan Millman

Transzendentale Dankbarkeit

Obwohl die meisten von uns fünf Sinne haben, gibt es zwei zusätzliche, die eine besondere Bedeutung haben: ein Sinn für Humor und ein Sinn für Perspektive. Aus diesen beiden erwächst ein natürlicher Fluß von Dankbarkeit. Wenn es uns an Perspektive fehlt, haben wir auch keinen Humor. Wir regen uns vielleicht über kleine Enttäuschungen oder zerbrochene Erwartungen auf, über die Unvollkommenheit oder die Fehler anderer.

Diejenigen von uns jedoch, die großen Schwierigkeiten und Prüfungen begegnet sind wie Schmerz, Krankheit und dem Tod eines Geliebten, haben ein anderen Bezug. »Kleinkram« kann uns nicht aus der Fassung bringen. Wir sind sogar für kleine Gefälligkeiten und Segnungen dankbar. Der Schriftsteller und Schauspieler Charles Grodin teilte mir einmal mit, daß nach dem Tode seines Vaters, als Charles achtzehn Jahre alt war, alles andere »Kleinkram« war. Der Tod seines

Vaters gab ihm ein Gefühl von Perspektive und damit einhergehend ein tiefes Gefühl von Dankbarkeit.

Im Laufe der Zeit, wenn sich unsere Perspektive erweitert, verändert sich auch unsere Wahrnehmung. Wir beginnen Dankbarkeit nicht nur für besondere Gefälligkeiten, Freundlichkeiten oder angenehme Umstände zu empfinden, sondern für kleine Dinge wie den Anblick eines Sonnenaufganges, die Schönheit eines Baumes im Winde. Perspektive führt auch zu einer tiefen Demut, nicht im Sinne von Unterwürfigkeit, sondern indem wir unseren Platz im Universum und die Möglichkeit, die das Leben darstellt, anerkennen.

Als Kinder brachte man uns konventionelle Dankbarkeit bei: »Bedanke dich bei Tante Susan für die schöne Unterwäsche, mein Kind.« Oder womöglich hat man uns Dankbarkeit aus einem Schuldgefühl heraus anerzogen: »Denk immer daran, was wir für Opfer für dich gebracht haben, und sieh mal wie du dich verhältst.« Wenn jemand uns »undankbar« nennt, haben wir eine seiner gesellschaftlichen Regeln gebrochen. Konventionelle Dankbarkeit mag mit der sanften Last der Verpflichtung beladen sein, womit man sich Gunst erwerben will oder Buch führt, so als ob man sagt: »Du hast mehr für mich getan als ich für dich, deshalb bin ich in deiner Schuld, was Dankbarkeit anbetrifft: Ich schulde dir einen Gefallen.« Gewöhnlich liegt selbstlosen Handlungen eine Mischung von Motiven zugrunde: ein Gefühl von Pflicht, Verpflichtung, soziales Gewissen, ein Bedürfnis nach Anerkennung, Aufmerksamkeit und nur selten reine Selbstlosigkeit oder Selbstopfer.

Wenn mir jemand einen Gefallen tut, sagen mir die gesellschaftlichen Regeln, daß ich dankbar sein »sollte«. Aber ich habe demjenigen die Möglichkeit eröffnet zu geben, zu dienen und sein Selbstwertgefühl zu heben. Vielleicht soll er mir dankbar sein. Je tiefer wir es betrachten, desto weniger greifen die »Regeln« der Dankbarkeit.

Transzendentale Dankbarkeit geht jedoch über soziale Konventionen hinaus. Anstatt jemandem gegenüber Dankbarkeit zu empfinden, empfinden wir Dankbarkeit *für* ihn: für Gott oder den Geist, der duch ihn hindurch wirkt. Wir beginnen uns dankbar zu fühlen für jeden und für alles, was sich in unserem Leben ereignet. Dieses Gefühl hebt uns empor, hält uns, und hilft uns, andere emporzuheben und in der Gewißheit zu halten, daß wir letztlich darin eins sind.

Ich wache schon seit einiger Zeit jeden Morgen dankbar auf, und schlafe jeden Abend mit einem stillschweigenden und wachsenden Gefühl der Gegenwart, der Liebe und des Segens des Geistes ein. Ich emfinde Dankbarkeit für meine Freunde und Feinde, für die Freuden und Schwierigkeiten meines Lebens, denn die Freuden machen mir Vergnügen, und die Schwierigkeiten helfen mir zu wachsen. Alles dient mir auf seine Weise.

Dan Millman ist der Autor u. a. von Der Pfad des friedvollen Kriegers, Die goldenen Regeln des friedvollen Kriegers, Die Lebenszahl als Lebensweg, *und von zwei Kinderbüchern. Seine Schriften (in 16 Sprachen übersetzt) haben Millionen von Menschen inspiriert. Millman wurde früher als Sportler Weltmeister und war Professor an der Hochschule. Jetzt trainiert er Leute aus allen Lebensbereichen auf dem Gebiet des persönlichen und spirituellen Wachstums.*

Mary-Margaret Moore

Die Dankbarkeit ergründen

Zu den Dingen, die ich in diesen letzten 17 Jahren bei der Arbeit mit dem Bartholomew-Bewußtsein gelernt habe, gehört, daß Dankbarkeit wie Liebe auf immer tieferen Ebenen erfahren werden kann. Es gab eine Zeit, als dankbar sein für mich einfach nur bedeutete, ein gutes Gefühl zum eigenen Leben, zu den Menschen oder der Freude in meinem Leben zu haben. Doch Bartholomew hat uns etwas gezeigt, das weit hinausgeht über diese begrenzte, lineare Ansicht des »was ist für mich drin?«. Er hat uns immer wieder gezeigt, daß Dankbarkeit auf der tiefsten Ebene ein allgegenwärtiges, von Frieden erfülltes Energiefeld ist, das uns in jedem Moment unseres Lebens zur Verfügung steht, unabhängig von den Umständen. Er hat uns weggebracht von der Identifikation des »Sich-gut-Fühlens, wenn alles gut läuft« zu der tief im Herzen empfundenen Wirklichkeit, daß diese Dankbarkeit, dieses Wunder, dieser Frieden ein beständiger elektromagnetischer Grundton ist. Er steht uns zur Verfügung, wenn wir uns aus unserem mentalen und emotionalen Drama herauslösen und in die stille Beständigkeit der Dankbarkeit finden.

Es ist ein aufregender Moment, wenn wir erkennen, daß alles, was uns widerfährt, genau das ist, was wir für unser Erwachen zu dem unendlichen Licht des Seins selbst brauchen: Gott, Liebe, Licht, Was Ist, unsere wahre Natur – wie auch immer man es nennen möchte. Bartholomew hat uns immer wieder gesagt: »Alles, was gegenwärtig ist, ist Es. Was immer du erlebst, wenn du einfach zuläßt, es vollständig zu fühlen und zu erleben, ohne darüber nachzudenken, ohne zu versuchen es zu verändern, zu verstehen oder zu vermeiden, im Zentrum aller Erfahrungen wirst du den Frieden und das Wunder finden, das du gesucht hast.«

In den letzten Jahren haben viele von uns auf allen spirituellen Wegen begonnen, diese allgegenwärtige Wirklichkeit wahrhaftig zu erleben. Wenn ich um die Erde reise, stelle ich fest, daß das bei Menschen mit ganz verschiedenem Hintergrund zutrifft.

Es ist als ob es eine Quelle der Hoffnung, der Dankbarkeit und der erwachenden Einsicht gibt, die Tausende und Abertausende von Suchenden aller Wege begegnet. Ich habe immer wieder gehört, wie Menschen ihre Dankbarkeit darüber zum Ausdruck bringen, daß sie endlich von der Existenz Gottes wissen. Uns muß wirklich klarwerden, daß wir mit unserer Geburt die Fähigkeit haben, die Göttlichkeit unseres Seins wahrhaftig zu erfahren. Und daß diese Fähigkeit in diesem Augenblick, an diesem Tag, in diesem Leben vorhanden ist – nicht in irgendeiner Zukunft oder einer günstigeren Wiedergeburt, wenn die Umstände zuträglicher sind. Wir sind offenbar bereit, die »gute Botschaft« zu hören, daß wir das sind, was wir suchen, daß wir nie von dem getrennt waren, was wir sind, und daß diese Wirklichkeit unser ist, wann immer wir bereit sind, aus unseren mentalen und emotionalen Konstruktionen auszusteigen und die ewig gegenwärtige Präsenz zu leben.

Das endgültige Loslassen findet statt, wenn wir uns erlauben wahrzunehmen, daß jeder Augenblick von dieser Wärme erfüllt sein kann, wenn wir zulassen, daß alles genauso ist, wie es ist. Wir können es nicht »tun«, »finden« oder »verdienen«. Aber wir können es sein. Weil wir es schon sind. Was könnte leichter sein, als das zu sein, was wir wirklich sind? Wir müssen einfach mit dem Versuchen aufhören, was übrig bleibt, ist die Weite des Seins. Kein Kämpfen, kein Bemühen, einfach Sein.

Mary-Margaret Moore ist seit 17 Jahren Kanal für die Bartholomew-Energie. Sie wuchs die ersten 18 Jahre ihres Lebens in Hawaii auf und erwarb in den folgenden fünf Jahren zwei Diplome an der Stanford-Universität. Sie ist seit vielen Jahren auf der Suche nach Klarheit des Bewußtseins, wobei sie Methoden anwendet, die vom Studium der Kraft christlicher Heiliger bis zum Zen-Buddhismus und den Einsichten von Ramana Maharshi reichen.

Nancy Norman

Mein eigenes Dankbarkeitsbuch

Die kleine dunkle Wolke schien jederzeit über mir zu schweben, immer bereit, ihre Düsterkeit und ihr Verhängnis über mich zu ergießen. Ich war seit kurzem geschieden, meine Zukunft war unklar, keine Arbeit oder Karriere in Sicht, ich war finanziell ungesichert und fühlte mich sehr allein. Die kleine dunkle Wolke wich nie von meiner Seite. Was sollte ich tun? Ich wußte nicht einmal, wo ich anfangen sollte. Da kam mir eine Idee, als ob mir jemand sagen würde: »Hör' auf, dich auf das zu konzentrieren, was in deinem Leben nicht stimmt, und beginne zu erkennen, was gut und positiv ist.« Zugegebenermaßen keine originelle Idee, aber sie war mir vorher nie eingefallen.

Der Plan begann, Gestalt anzunehmen. Ich setzte mich hin und fing an, alles Gute und Positive, was mir einfiel, aufzuschreiben, wobei ich so weit zurückging, wie meine Erinnerung reichte. Beim Schreiben erschien die Welt mir freundlicher, und ich erkannte, wieviel ich besaß, wofür ich dankbar sein konnte. Als ich mit dem Schreiben fertig war, hatte ich viele Seiten gefüllt, und das Gefühl von Verzweiflung und Verhängnis ließ nach. Ich beschloß, diese Idee der Dankbarkeit – mich auf das auszurichten, was in meinem Leben gut und in Ordnung war – noch einen Schritt weiterzuführen. Ich faßte den Plan, ständig ein kleines Notizbuch mit mir zu führen und alles, wofür ich dankbar war, sogleich aufzuschreiben, wenn es geschah. Ich ging morgens spazieren und sah die Welt mit neuen Augen. Die Landschaft, die ich jeden anderen Morgen für selbstverständlich gehalten hatte, erblühte vor Schönheit und Farben. Die Hunde, an denen ich vorüberging, die Vögel, die ich hörte, sie alle erinnerten mich daran, daß ich in einem Universum der Fülle, der Liebe und der Harmonie lebte. Ich trug all diese Wunder in mein »Dankbarkeitsbuch« ein.

Im weiteren Verlauf des Tages erfuhr ich einen Segen nach dem anderen. Die Post traf ein, und anstelle von Rechnungen kamen drei Schecks. Unerwartetes Einkommen. Eine Nachbarin brachte mir einen wundervollen selbstgebackenen Kuchen. Sie sagte, sie wüßte nicht warum, aber sie mußte beim Backen an mich denken. Ein Freund schenkte mir ein Bild, das er bei einem bekannten Künstler in Auftrag gegeben hatte. Ich fuhr fort, diese Ereignisse in mein Dankbarkeitsbuch einzutragen, und am frühen Nachmittag hatte sich die dunkle Wolke von Verhängnis und Düsterkeit aufgelöst.

Ich führe mein Dankbarkeitsbuch immer noch. Es hilft mir, über meine selbstzerstörerischen Ängste und Zweifel hinauszusehen. Dankbarkeit ist eine mächtige magnetische Kraft, die auf natürliche Art und Weise fröhliche Menschen und freudige Ereignisse anzieht. Sie wirkt auf das verborgene Potential im Leben. Dankbarkeit ist eines der größten Geheimnisse eines erfüllten Lebens – sie ist Kooperation mit dem Universum.

Ja! Ich lebe wahrhaftig in einem liebevollen, reichhaltigen und harmonischen Universum, und ich bin dankbar!

Nancy Norman widmet sich der Aufgabe, Menschen zu inspirieren, ihr höchstes Potential zu entdecken, zu entwickeln und zu erreichen. Ihre Methode ist klar, praktisch, aufrichtig und einfach auf das tägliche Leben übertragbar. Norman ist Pastorin der Unitarischen Kirche und hat erfolgreiche Karrieren auf dem Immobiliensektor, der Mode und der Bildung hinter sich. Ihr Leben ist den Menschen gewidmet, um ihnen ein besseres und erfüllteres Leben zu ermöglichen.

Robert Odom

Das Geschenk der Dankbarkeit

Lieben zu lernen stellt einen Prozeß dar, in dem wir uns erinnern, wer wir wirklich sind. Die zugrundeliegende Wirklichkeit ist, daß alles Leben auf dem Planeten eine Manifestation des Geistes in materiellen Körpern ist. Alles Leben ist Geist, und der Geist ist heilig; deshalb ist alles Leben heilig. Zur Dankbarkeit gehört, daß wir uns Zeit nehmen, um die Komplexität des Lebens bewußt wahrzunehmen. Oft sind wir so beschäftigt, daß wenig Zeit zum Leben bleibt. Manchmal können wir nur für offensichtliche Wohltaten dankbar sein, während wir auf Schmerz gereizt reagieren.

Wir leben in einer Kultur, die uns darauf programmiert, sofortige Bedürfnisbefriedigung zu erwarten und Vorgänge, die viel Zeit und Aufmerksamkeit erfordern, gering zu schätzen. Es ist leicht für uns, ein paar Bücher zu lesen, einige Workshops zu besuchen und unmittelbare Erleuchtung zu erwarten. Das ist die Mentalität der »Mikrowellen-Spiritualität«. Wenn wir lernen zu lieben, müssen wir alle Erfahrungen des Lebens annehmen, die schrecklichen ebenso wie die großartigen. Oft genug kommt unsere größte spirituelle Erkenntnis im Gewande von Verwirrung und Schmerz. Es ist wahrhaftig eine große Aufgabe, für unseren Schmerz ebenso dankbar zu werden wie für unsere Freude.

Dankbar zu sein für unsere Lektionen und Erfahrungen ist tatsächlich eine Art und Weise, sich dem Leben zu stellen, die aus vollem Herzen kommt. Dankbar sein oder, wie wir es in den 12 Stufenprogrammen sagen, eine »dankbare Haltung« einzunehmen, hält unsere Verbundenheit mit dem Ganzen aufrecht. Sie erinnert uns daran, daß wir alle Teil der großen Schöpfungsspirale sind, auf einer spirituellen Reise zurück zur Quelle. Alles auf dieser Reise trägt dazu bei, uns dem Geist näher zu bringen, indem es uns unsere Göttlichkeit bewußt macht.

Wir haben eine spirituelle Verantwortung zur bewußten Dankbarkeit, weil die Frequenz dieser Energie von uns kommt und uns bei unserer Heilung, der Heilung unserer Brüder und Schwestern und der Heilung des Planeten, unserer ErdMutter, hilft.

Nehmen Sie sich Zeit, sich allein in der Natur aufzuhalten. Beobachten Sie still die Ameisen, die Vögel, die Blätter in den Büschen und Bäumen. All diese Formen des Lebens erfreuen sich der Welt, ohne sich ihrer bewußt zu sein. Die Ameisen haben mehr als genug Sand, um ihre Hügel zu bauen. Die Vögel haben Zweige im Überfluß für ihren Nestbau. Es gibt mehr als genug Sonnenlicht für die Blätter, um Nahrung für die Pflanzen zu produzieren. Denken Sie daran, während Sie sich in der Natur aufhalten, daß auch Sie ein Teil dieses wundervollen, komplexen Gewebes der Natur sind. Es ist ein solcher Segen, an diesem wunderbaren Ort am Leben zu sein. Nehmen Sie einen tiefen Atemzug, öffnen Sie Ihr Herz und denken Sie daran, daß Dankbarkeit bedeutet, daß Gott das Geschenk seiner selbst an die Welt wertschätzt.

Seien Sie bewußt dankbar für jeden Menschen, jeden Ort und jedes Ding, das Ihnen hilft, lieben zu lernen.

Robert Odom, der Autor des Buches Your Companion to 12 Step Recovery, *ist metaphysischer Berater, Vortragsredner und Lehrer mit über 15 Jahren Erfahrung im Bereich der gesundheitlichen Rehabilitation. Er studiert die Geschichte von New Mexico und lebt in Santa Fe und in Las Cruces, New Mexico.*

Daniel T. Peralta

Dankbarkeit: der natürliche Ausdruck eines liebenden Herzens

Dankbarkeit
richtet unsere Aufmerksamkeit
auf die guten Dinge im Leben.
Sie vervielfältigt unsere Segnungen.
Wenn wir voller Freude
unsere Wertschätzung ausdrücken,
öffnet sie unser Herz und läßt uns
mehr Liebe erleben.

Liebe ist die Kraft, die unser Leben heilt, und Liebe ist die Kraft, die schließlich diese Welt heilen wird. Die Dankbarkeit entsteht aus der Liebe. Sie ist der natürliche Ausdruck eines liebenden Herzens. Deshalb verbinden wir uns mit der Kraft, die uns heilt, wenn wir Dankbarkeit zum Ausdruck bringen. Dankbarkeit und Lob auszudrük-ken verbreitet heilende Energie und macht unser Leben und die Welt zu einem besseren und lebenswerteren Ort. Jedesmal, wenn wir Wertschätzung ausdrücken, tragen wir zur Heilung der Welt bei. Dankbarkeit sendet positive Schwingungen in die

Atmosphäre hinaus, und unser wohlwollendes Universum antwortet mit Güte.

Deshalb ist es wichtig, daß wir eine »dankbare Einstellung« kultivieren. Das fängt damit an, daß man all das Gute bemerkt, was man schon hat. Eine der sichersten Methoden, seine Stimmung zu heben, besteht darin, seine Segnungen aufzuzählen. Das verschiebt die Energie immer zu etwas Positivem und Wünschenswertem hin. Wenn Sie sich deprimiert oder traurig fühlen, können Sie anfangen, über alle guten Dinge im Leben nachzudenken. Beginnen Sie damit, daß Sie dankbar sind für alles Gute was Sie haben. Sehen Sie sich danach um. Sie sind da. Das wird Ihre Energie verändern. Sagen Sie dem Leben Dank für das Gute, das jetzt schon reichlich in Ihnen und um Sie herum vorhanden ist.

Die Tatsache, daß Sie am Leben sind und das Geschenk des Lebens erfahren dürfen, ist eine sehr große Ehre. Jeder neue Tag ist erfüllt von neuen Möglichkeiten, die Sie erleben können. Jeder neue Tag bietet eine weitere Möglichkeit neu anzufangen. Sie bekommen die Gelegenheit, der wundervolle Mensch zu sein, der Sie sind. Was für ein Segen! Danken Sie Gott dafür, daß Sie hier sind und in der Lage, mit Ihren Talenten und Gaben etwas zu dieser Welt beizutragen. Die Welt braucht Sie, und das Leben ist dankbar für Sie. Jetzt ist es an der Zeit, dankbar für sich selbst zu sein. Wenn Sie Dankbarkeit ausdrücken, erhöhen Sie die Schwingungen um Sie herum. Sie schaffen positive Energie, die von Ihnen ausströmt und in Form von wundervollen Erlebnissen zu Ihnen zurückkehrt. Sie werden magnetisch. Gute Dinge und gute Menschen zieht es zu Ihnen, weil es eine solche Freude und Vergnügen ist, in Ihrer Nähe zu sein. Eine dankbare

Einstellung wirkt auf natürliche Art und Weise anziehend. Sie hat die Kraft, Schwierigkeiten in Möglichkeiten, Probleme in Lösungen und Verluste in Gewinne zu verwandeln. Sie verschiebt die Energie. Sie erweitert unsere Sicht und läßt uns das erkennen, was für jemanden mit einer begrenzenden Einstellung unsichtbar bleiben würde.

Sogar in unseren dunkelsten Stunden können wir eine dankbare Einstellung kultivieren. Was auch immer geschieht, wir können so darauf antworten, daß es uns hilft zu lernen und zu wachsen. Wenn wir unsere Schwierigkeiten als Möglichkeiten zum Wachstum ansehen, dann können wir dankbar sein für die Lehren, die wir aus diesen schwierigen Erfahrungen ziehen. In jeder Erfahrung liegt eine Geschenk. Eine dankbare Einstellung läßt uns dieses Geschenk finden. Wenn wir all das aufrichtig zu schätzen wissen, was das Leben uns bietet, dann erkennen wir das Licht in uns selbst und in jedem anderen. Wir sehen in jedem und allem einen potentiellen Segen.

Dankbarkeit ist ein Gebet für Gutes in Hülle und Fülle. Sie zieht Fülle und Großzügigkeit an. Ich halte die Worte »danke schön« für die beiden schönsten Worte unserer Sprache. Sie bringen das Gesicht unserer Mitmenschen zum Strahlen und lassen sie wissen, daß er oder sie geschätzt wird. Sie öffnen die Tür zu unserem Herzen und lassen uns Verbundenheit spüren.

Die ersten Worte, die jeden Morgen beim Aufwachen aus meinem Munde kommen, sind »danke schön«. Das läßt mich unmittelbar meine Verbindung mit Gott spüren und erfüllt mein Herz mit Liebe. Ich bin dankbar, daß ich am Leben bin und atme und einen weiteren Tag habe, um ein erfülltes Leben zu leben. Ich bin dankbar dafür, daß ich hier bin, daß ich teilnehme und teilhabe an der verschwenderischen Fülle dieses Universums.

Die Fülle des Lebens ist für uns alle da. Wenn wir Liebe und Dankbarkeit zum Ausdruck bringen, harmonisieren wir unsere Energien und erwachen zu dem Wissen, daß auch unser eigenes Leben Teil dieser reichhaltigen Fülle ist.

Es folgen einige Anregungen, wie man eine dankbare Einstellung kultivieren kann:

Sagen Sie die Worte »danke schön« im Laufe des Tages entweder still oder laut. Lassen Sie Gott wissen, daß Sie glücklich darüber sind, am Leben zu sein und an dieser Erfahrung, die man Leben nennt, teilzunehmen. Bedanken Sie sich bei sich selbst, bei anderen, und bei der Welt. Tragen Sie zur Verbreitung einer dankbaren Haltung bei.

Führen Sie ein Dankbarkeitsbuch. Schreiben Sie alle Dinge auf, für die Sie in Ihrem Leben dankbar sind. Berücksichtigen Sie auch solche Dinge wie Elektrizität, Wasser, sanitäre Einrichtungen, Technik und all die anderen modernen Annehmlichkeiten, die wir oft übersehen. Wenn Sie sie nicht tatsächlich aufschreiben können, dann tun Sie es in Gedanken. Preisen Sie den Fortschritt, den wir alle gemacht haben.

Wenn Sie schwierige Zeiten erleben, schauen Sie sich Ihre Erfahrungen an und sagen Sie: »Ich weiß, daß das zu meinem Segen geschieht und ich bin bereit, das Geschenk in dieser Erfahrung zu erkennen. Mögen sich diese Lehren mir offenbaren, auf daß ich stärker und klarer werde.«

Danke schön ... Danke schön ... Danke schön ... Danke schön ...

Daniel T. Peralta ist ein metaphysischer Lehrer mit einem Diplom in der Psychologie des Bewußtseins von der Antioch Universität. Er hat bei Louise L. Hay eine intensive Ausbildung erfahren. Peraltas Arbeit befaßt sich mit unterschiedlichen Gruppen, von Kindern in unseren Volksschulen bis zu Menschen mit mentalen und emotionalen Schwierigkeiten. Zur Zeit arbeitet er mit Strafgefangenen in Gefängnissen. Peralta hat auch eine interaktive Live-Fernsehserie mit dem Titel Self-Esteem: Becoming Empowered! *auf dem Bildungskanal moderiert. Er lebt auf Hawaii.*

Marcia Perkins-Reed

Dankbarkeit: ein Lebensstil

Es ist nicht immer leicht, Dankbarkeit zu wecken. Wenn die Umstände unangenehm sind, oder wenn wir uns mehr auf das konzentrieren, was uns fehlt, als auf das, was wir haben, mag es uns absurd erscheinen, etwas zu finden, für das wir dankbar sein können. Doch Dankbarkeit beinhaltet mehr, als sich einfach nur zu bedanken. Man bedankt sich für einen bestimmten Gegenstand oder ein Ereignis, das gerade stattgefunden hat, wie zum Beispiel: »Ich bin dankbar für den neuen Pullover, den ich gerade bekommen habe.« Der Zustand der Dankbarkeit hingegen ist ein Lebensstil – eine Art und Weise zu leben. Menschen, die in einem Zustand der Dankbarkeit leben, haben die Fähigkeit entwickelt, in jedem Augenblick einen Sinn für das Wunder und die Zufriedenheit mit ihrem Leben, so wie es ist, auszudrücken. Paradoxerweise ziehen sie damit in ihrem Leben immer mehr Segnungen an in Form von Geld, erfüllenden Jobs, tief befriedigenden Beziehungen und anderen Dingen, die sie sich wünschen.

Wenn man sich regelmäßig bedankt, kann das zu einem von Dankbarkeit erfüllten Lebensstil führen. Ich habe es mir zur Gewohnheit gemacht, jedesmal, wenn etwas Gutes geschieht, laut oder im stillen »Dank dir, Gott!« zu sagen. Wenn Sie das regelmäßig tun, werden Sie feststellen, daß Sie sich verändern. Dinge, die Sie sonst gestört haben, bedrängen Sie nicht mehr so sehr. Sie sehen jemanden, der weniger Glück hat als Sie, und während Sie Ihrer Quelle danken für das, was Sie haben, reichen Sie dem anderen Ihre Hand zur Hilfe und geben ihm oder ihr von sich und Ihrer Substanz ab.

Dankbarkeit zu praktizieren heißt einfach anzuerkennen, daß wir umgeben sind von unendlicher Substanz, im Universum und darüber hinaus. Wir müssen, wie Eric Butterworth uns in seinem Buch *Spriritual Economics* auffordert: »Uns zu Bewußtsein bringen, daß wir in der Substanz leben wie ein Fisch im Wasser.« Es kann uns nie an Substanz fehlen, selbst wenn wir in einer finanziellen Krise unser gesamtes Vermögen verlieren – denn Substanz ist die immaterielle Essenz der Dinge, die wir sehen. Deshalb können wir immer Dankbarkeit wecken für die unsichtbare Substanz um uns herum, in dem Wissen, daß wir dadurch ihre Erscheinungsformen anziehen.

Dankbarkeit führt in unserem Leben zu zwei erfreulichen Ergebnissen. Erstens schafft sie ein tiefes Gefühl der Freude. Man sagt, daß wir das Glück verfehlen, wenn wir ihm nachjagen. Dasselbe gilt für die Freude. Wenn wir sie um unseretwillen suchen, werden wir sie nicht finden. Aber wenn wir Dankbarkeit üben – in einem Bewußtsein der Zufriedenheit leben, dankbar sind für das, was wir haben (selbst wenn es nur wenig ist) und durch Zeiten stiller Meditation inneren Frieden kultivieren – werden wir entdecken, daß Freude spontan erscheint.

Das zweite Ergebnis von Dankbarkeit ist die persönliche Erfahrung von Fülle und Wohlstand. Es ist ein anerkanntes Prinzip, daß das, »worauf wir uns konzentrieren, zunimmt«. Wenn wir die meiste Zeit damit verbringen, über das nachzudenken, was wir nicht haben, oder darüber, wie unser Leben anders sein sollte oder was wir gerade verloren haben, dann wird das zunehmen. Wir werden mehr Verlust, mehr Mangel und mehr Unzufriedenheit in unserer gegenwärtigen Lage erfahren. Wenn wir uns andererseits auf das konzentrieren, was wir haben – Essen, Freunde und/oder Familie, die uns gerne haben, Sonnenlicht –, dann wird auch das zunehmen. Die Energie der Dankbarkeit versammelt in unserem Leben auf beinahe magische Art und Weise immer mehr Dinge, die wir uns wünschen.

Fangen Sie also heute damit an, Dankbarkeit zu praktizieren. Fragen Sie sich gleich nach dem Aufwachen: »Wofür kann ich heute dankbar sein?« Verbringen Sie Zeit in der Stille Ihres inneren Selbst, und nehmen Sie das Wunder wahr, das Sie sind. Und denken Sie immer daran, das Gute anzuerkennen, das Ihnen widerfährt.

Marcia Perkins-Reed ist eine landesweit bekannte motivierende Vortragsrednerin und Seminarleiterin. Sie bietet ihrem Publikum eine Kombination von 25 Jahren vielfältiger Geschäftserfahrung, Ausbildung in Psychologie und Rechtswesen, 10 Jahre im Neuen Denken und den Erfolg und die Erfüllung, die sie und ihre Klienten erfahren. Perkins-Reed ist die Autorin des Buches When 9 to 5 isn't Enough: A Guide to Finding Fulfilment at Work.

John Randolph Price

Dankbarkeit: eine mächtige Kraft

Gewöhnlich versteht man unter Dankbarkeit, daß man für empfangene Wohltaten dankbar ist. Das ist zwar wichtig, doch ich meine, daß die Energie der Dankbarkeit eine der mächtigsten *anziehenden* Kräfte des Universums ist. Ein Herz, das von Danksagung erfüllt ist, selbst wenn wir in der Not, im Konflikt oder im Kummer gefangen sind, schafft im Bewußtsein eine höhere Frequenz – und bald können wir bezeugen, wie die Wirklichkeit durch die Illusion hindurchscheint.

Ich möchte kurz umschreiben, was ich in meinem Buch *Empowerment* geschrieben habe: Unsere Wünsche werden zuerst im Bewußtsein erfüllt, und treten dann in die äußere Welt hinaus als ideale Erfahrung und Form. Das Geheimnis besteht also darin, dankbar zu sein, während das Gute für uns noch nicht sichtbar ist. Dankbarkeit setzt einen dynamischen Strom spiritueller Energie frei, der uns vorangeht und einen mächtigen Einfluß auf unsere Umgebung ausübt. Sie löscht nicht nur negative Muster im Unbewußten, die von Undankbarkeit verursacht sind, sie stellt auch eine Verbindung zu jeder möglichen Quelle des Guten her. Natürlich gibt es nur eine Quelle, doch der göttliche Geist arbeitet auf geheimnisvolle Art, wobei er durch eine Unzahl von Kanälen großartige Wunder hervorbringt. Das Gefühl von Dankbarkeit verbindet uns mit den Schätzen des Universums, den liebevollen Beziehungen und der heilenden Kraft des Geistes, die von innen ausstrahlt.

Meiner Frau Jan und mir hat sich die Kraft der Dankbarkeit viele Male unter Beweis gestellt. In den siebziger Jahren befand ich mich geschäftlich in einer schwierigen Lage und verbrachte mehrere Tage mit Beten und Meditieren für eine Lösung. Als ich eines Morgens aufstand, hörte ich laut und deutlich eine Stimme durch unser Schlafzimmer schallen: »Vertraue in Ruhe!« Für mich bedeutete das, meinen Geist zur Ruhe zu bringen (das heißt, mir keine Sorgen zu machen) und dem göttlichen Prozeß zu vertrauen. Ein Gefühl tiefer Dankbarkeit überkam mich, und während der nächsten Tage hielt ich ständig »Dank Dir, Gott!« in meinem Kopf und in meinem Herzen. Aus dem Chaos entstand perfekte Ordnung und Harmonie.

Am 30. Dezember 1993, als Jan einen Herzinfakt hatte und noch in unserem Haus auf der Tragbahre starb, hatte ich ein Gefühl von Losgelöstheit und kaum eine gefühlsmäßige Reaktion. Sogar als der Sanitäter zu mir sagte: »Es tut mir leid, wir haben sie verloren«, wollte ich es nicht akzeptieren. Auf einer bestimmten Bewußtseinsebene wußte ich, daß sie zurückkommen und sich schnell erholen würde. Nachdem sie mehr als vier Minuten auf der anderen Seite gewesen war, kehrte sie zurück, und als ich später im Krankenhaus auf den Bericht der Ärzte wartete, ließ ich dieses Gefühl der Dankbarkeit aufsteigen wie nie zuvor. Mein Gebet im Wartezimmer war erfüllt von allergrößter Dankbarkeit für die Lebenskraft in ihr, die ihren Körper heilte und vollkommen machte. Am nächsten Morgen gab auch Jan ihrer Dankbarkeit für das Leben, für ihre unglaubliche Erfahrung und für ihr Wohlbefinden Ausdruck. Der Arzt schüttelte mit dankbarem Staunen seinen Kopf über ihre schnelle Genesung. Dankbarkeit, die sich mit den Energien von Liebe und Freude verbindet, hatte das Krankenhaus geradezu überschwemmt, und es hätte mich nicht überrascht, wenn ich erfahren hätte, daß in dieser Zeit noch andere Wunderheilungen stattgefunden hätten.

Wenn wir mit einem dankbaren Herzen leben, kann keine Furcht eindringen, lösen sich Schuldgefühle auf und es gibt nur Frieden, Liebe, Vergebung und Verständnis. Für mich ist das der Sinn des Lebens.

John Randolph Price ist der Autor zahlreicher Bestseller, darunter The Superbeings, The Abundance Book, Engel-Kräfte *und* Practical Spirituality. *Er ist der Präsident der Quartus-Stiftung und leitet mit seiner Frau Jan Workshops und intensive Zusammenkünfte. Sie initiierten u. a. den »Global Mind-Link« (Herstellung einer weltweiten mentalen Verbindung, A. d. Ü.) und den »World Healing Day« (Weltheilungstag, A. d. Ü.). In Anerkennung ihrer Arbeit wurde den beiden 1986 von der Vereinigung der unitarischen Kirchen der »Light of God Expressing Award« verliehen.*

Michael C. Rann

Eine Abkürzung zu einem Wunder

Wenn es eine Abkürzung für das Auftreten von Wundern gibt, dann ist es die *dankbare Einstellung.* Wenn man es lernt, dankbar zu sein, dann macht man sich offen und empfänglich. Dankbarkeit bringt das Gesetz der Empfänglichkeit zur Geltung.

Wenn Sie lernen, die zwei einfachen Worte *danke schön* zu verwenden, werden Sie das erreichen, was Sie sich wünschen. Wenn Sie zum Beispiel in einem Restaurant einen ganz bestimmten Tisch haben wollen, dann danken Sie dem Wirt oder der Wirtin schon im voraus. Das führt im allgemeinen dazu, daß Sie genau den Platz bekommen den Sie haben wollen. Ich könnte noch mehr Beispiele anführen, aber ich bin sicher Sie verstehen, worauf ich hinaus will.

Haben Sie je daran gedacht, was geschieht, wenn Sie dankbar sind und danke schön sagen? Lassen Sie uns einen Augenblick darüber nachdenken. Sie sagen danke und in dem Bruchteil einer Sekunde ist zwischen Ihnen und der Person, der Sie danken, Nähe hergestellt. Der Mensch, bei dem Sie sich bedanken, fühlt sich erwünscht, geschätzt und sogar wichtig. In anderen Worten, wenn man danke schön sagt, fühlt sich der andere gut.

Es ist eine einfache Tatsache, daß man nicht geben kann, ohne zu empfangen. Alle gelehrten Philosophen sagen uns, dies sei ein Gesetz. »Wir geben, was wir uns aussuchen, und wir erhalten das zurück, was wir geben. Daher suchen wir uns in Wirklichkeit das aus, was wir im Leben erhalten.« Wie traurig für die, die diese einfache Wahrheit nicht gelernt haben.

Sie brauchen es mir oder jemand anderem nicht zu glauben. Probieren Sie es selbst aus! Sagen Sie danke! und beobachten Sie das Ergebnis in Ihrem Leben. Dann probieren Sie, sich schon vor dem Eintreten des gewünschten Ergebnisses zu bedanken. Sie werden staunen, wie schnell sich Ihr Leben mit wundervollen Resultaten füllt, die manche *Wunder* nennen.

Was bringt es Ihnen, wenn Sie sich bedanken? Wenn Sie einem anderen ein gutes Gefühl vermitteln, dann fühlen Sie sich auch gut. Wenn Sie einem anderem das Gefühl geben, wichtig zu sein, dann fühlen Sie sich auch wichtig. Wie befriedigend ist es doch, dabei zu helfen, daß man sich gut, wichtig und sogar wertvoll fühlt. Wenn Sie sich bei jemandem bedanken, bekommen Sie denselben Respekt, den Sie dem gegenüber ausgedrückt haben, bei dem Sie sich bedankt haben. Sein Leben auf diese Art und Weise zu führen ist ein wundervolles Abenteuer. Ein Gesetz zu kennen heißt, es zu respektieren und die Gesetze der Dankbarkeit und der Empfänglichkeit sind wissenschaftlich belegt. Wenn Sie an diese Gesetze glauben und sie regelmäßig anwenden, lassen Sie die kreative Kraft für sich arbeiten.

Wenn Sie das anerkennen und respektieren, was andere tun, um Ihr Leben erfreulicher zu machen, dann bieten sich Ihnen eindrucksvolle Möglichkeiten. Sie schaffen sich Ihre eigene Erfahrung und können dafür sorgen, daß diese voller Respekt und Anerkennung ist. Da es an Ihnen liegt, sich zu entscheiden, welcher Art Ihre Erfahrung sein wird, haben Sie Gelegenheit, Liebe zu demonstrieren. Liebe führt *immer* zu konstruktivem und schöpferischem Handeln.

Alles beginnt mit einer dankbaren Einstellung, und damit, daß man die zwei einfachen Worte danke schön sagt. Sie können Gutes nicht weggeben. Es wird immer größer und besser zurückkommen als Sie es gegeben haben. Jetzt liegt es an Ihnen! Stellen Sie die Macht der Dankbarkeit unter Beweis, und Sie werden das praktizieren, was manche als die höchste Form des Gebetes bezeichnen.

Vielen Dank, daß Sie diesen Aufsatz gelesen haben. Ich bedanke mich dafür, daß Sie sich die Zeit genommen haben, und ich schätze SIE!

Michael C. Rann ist der Pastor der Ersten Kirche der »Religious Science« in Chicago und der Autor verschiedener Bücher, darunter Effective Radio Advertising, Something Good is About to Happen, *und* The Power of Commitment. *Rann ist ein charismatischer und dynamischer Redner, dessen Lebensphilosophie sich auf Erfolg gründet, und zwar für sich selbst, für seine Klienten und für alle, mit denen er in Kontakt kommt.*

Frank Richelieu

Die heilenden Eigenschaften der Dankbarkeit

Dankbarkeit ist mehr als eine Einstellung, die uns adelt. Sie ist eines der machtvollsten heilenden Werkzeuge des Bewußtseins, das wesentlich dazu beiträgt, daß man im Leben die Erfahrungen macht, die man sich wünscht. Wenn Sie sich auf Dankbarkeit konzentrieren, sind Sie erfüllt vo dem, was in Ihrem Leben gut und wünschenswert ist. Sie preisen und segnen buchstäblich das, was Sie schon haben. Dieses Wissen ist die Erfüllung eines kosmischen Gesetzes: was Sie ehren, mehrt sich.

Dankbarkeit ist wie ein Magnet. Sie wirkt anziehend auf Gleichartiges. Wenn Sie zum Beispiel mit Schmerzen darniederliegen, üben Sie Dankbarkeit auf dem Gebiet der Gesundheit. Seien Sie dankbar für das, was noch gesund ist. Richten Sie Ihre Aufmerksamkeit auf den Frieden und das Wohlbefinden in den anderen Teilen Ihres Körpers. Wenn Sie eine Krankheit durchmachen, ist es besonders wichtig, daß Sie sich in Dankbarkeit mit Ihrer Gesundheit befassen und das Gute annehmen. Machen Sie sich klar, daß der größte Teil Ihres Körpers immer noch das tut, was Sie wollen. Loben und segnen Sie ihn. Ihr Körper kann sich erneuern und wieder mit Energie aufladen. Ihre Dankbarkeit wirkt wie Dünger für den Baum Ihres Lebens. Sie regt Gesundheit und Wachstum an.

Wenn Sie in einer chaotischen Verfassung oder Situation scheinbar zusammenbrechen, ist es an der Zeit, an den Frieden im Herzen des Unendlichen zu denken. Überfluten Sie Ihr Bewußtsein und Ihre Emotionen mit Frieden und Dankbarkeit für das Göttliche Gesetz und die Göttliche Ordnung, die im ganzen Universum existiert. Damit machen Sie dieses Gesetz und diese Ordnung für sich selbst verfügbar. Wenn Sie von Dankbarkeit für Ihre Gesundheit und Ihren Frieden erfüllt sind, fallen Ihnen die Lösungen und die Heilung ganz von selbst zu. Wenn Sie nicht wissen, wie Sie die finanziellen Verpflichtungen des nächsten Monats erfüllen sollen und sich Sorgen machen wegen des Mangels, rufen Sie sich in Erinnerung, daß das göttliche Gegenmittel darin besteht, dankbar zu sein für die Fülle. Wenn Sie ein Problem haben oder sich in einer schwierigen Lage befinden, sagen Sie sich:

> Ich bin dankbar für meine vollkommene Gesundheit und die Fülle an Gutem, das in meinem Leben zu mir gelangt auf Wegen, die ich geöffnet und zugänglich gemacht habe für den göttlichen Strom. Ich bin dankbar für all die Freude, die sich in meinem Bewußtsein entfaltet. Ich bin dankbar für die Fülle an Gesundheit, die jetzt mein ist. Ich bin dankbar für die Gelegenheit, mehr zu lernen und im Bewußtsein zu wachsen.

Worauf Sie Ihre Aufmerksamkeit richten, das wird sich in Ihrem Leben manifestieren. Der Lehrer Jesus war sich dessen so bewußt, daß er sich für das bedanken konnte, was nicht sichtbar war, denn er wußte, daß es durch das Gesetz von Ursache und Wirkung greifbar und wirklich werden würde. Wir sind mit dem, was wir Probleme nennen, hautnah verbunden. Sie halten uns auf jeder Ebene gefangen – körperlich, mental und emotional. Sie sind so stark vertreten, daß es für uns schwierig ist, ihnen objektiv zu begegnen. Wir müssen unsere Aufmerksamkeit von ihnen abziehen und uns auf das gewünschte Ergebnis konzentrieren, das im grenzenlosen Bewußtsein bereits vollständig existiert.

Wir müssen über die Probleme hinaus auf die Antwort unserer Gebete blicken. Wir müssen das Unsichtbare sichtbar machen, indem wir uns im Bewußtsein mit dem befassen, was wir wollen, anstatt damit, was scheinbar vorhanden ist. Dadurch verwandeln wir Probleme in Möglichkeiten. Auf diese Art und Weise befreien wir uns von der Anspannung und bewegen uns durch das hindurch, was uns scheinbar Schwierigkeiten bereitet. Dabei kommen wir in den Bereich der Lösung. Viele von uns bedanken sich und sind dankbar für das, was wir haben, aber wie viele von uns bedanken sich für das, was wir alsbald bekommen werden? Versuchen Sie es einmal mit der folgenden Übung, indem Sie sagen:

> Ich bin dankbar für die Segnungen, die mir bald zuteil werden. Ich bin dankbar dafür, daß die Umstände zu Hause immer harmonischer werden. Ich bin dankbar für die wunderbaren Erfahrungen, die mein Wachstum erzwingen. Ich bin dankbar für die Neuartigkeit dessen, was mir bald zukommen wird. Ich bin dankbar,

daß ich dem Leben gegenüber, das ich lebe, eine dankbare Einstellung habe. Meine dankbare Haltung öffnet mir die Tore für ein reicheres Leben.

Wenn Sie das tun, arbeiten Sie nicht nur an den äußeren Bedingungen, sondern an Ihrem Bewußtsein. Sie werden es darauf programmieren, das Beste zu erwarten. Sie können nicht gleichzeitig eine dankbare Haltung einnehmen und verbittert sein. Sie müssen sich von der Vorstellung befreien, daß Menschen oder Situationen gegen Sie sind. Sie müssen sich auch von dem Glauben befreien, daß Sie aus Ihrem Leben einen Schlamassel gemacht haben und jetzt nichts mehr daran ändern können.

Wenn die Dankbarkeit in Ihnen aufsteigt wie ein Springbrunnen, bringt sie Gesundheit, Wohlstand, größere Ressourcen und umfassendere Möglichkeiten, als sie je zuvor erlebt haben. Wenn Sie mit einer Situation oder mit einem Problem nicht mehr fertig zu werden scheinen und Ihnen nicht klar ist, wie Sie Dankbarkeit empfinden können, tun Sie folgendes:

> Setzen Sie sich hin und erinnern Sie sich an etwas in der Vergangenheit, wofür Sie wirklich dankbar sein können. Denken Sie daran, wie Gott Sie durch frühere Schwierigkeiten geführt und geleitet hat. Wenn Sie erst einmal ein aufrichtiges Gefühl von Dankbarkeit für diese früheren Wohltaten empfinden, machen Sie sich klar, daß derselbe Gott auch heute mit Ihnen ist, daß er Sie führt, leitet, erneuert und wiederherstellt. Dann gehen Sie mit Ihren Gedanken über die gegenwärtige Situation hinaus und sind Sie dankbar für das, was Ihnen demnächst zuteil wird.

Die Psalmen sind Lieder des Lobes und des Dankes, die in schwierigen Zeiten gesungen wurden. Inmitten unheilvoller Umstände und Situationen geriet der Glauben des Psalmisten nie ins Wanken. Er pries und segnete und war dankbar, denn er wußte, daß Gott allgegenwärtig ist, daß das Universum in seiner Obhut ist und daß er das Allerbeste erschuf. Vielleicht verstand der Psalmist nicht immer, warum bestimmte Umstände eintraten, denn die menschliche Sicht ist in schwierigen Zeiten sehr begrenzt, aber sein Glaube geriet nie ins Wanken.

Dankbarkeit ist wichtig, weil sie mehr als ein kaltes mentales Akzeptieren ist. Sie ist warm wie der Sonnenschein, der die Blumen wachsen läßt. Sie bringt das Eis der äußeren Bedingungen zum Auftauen und läßt das, was man sich wünscht, erscheinen.

Erfreuen Sie sich Ihrer Freiheit zu entscheiden. Sie sind Ihr eigenes Gesetz. Sagen Sie jetzt zu sich selbst:

> Dankbarkeit ist eine heilende Kraft, die jeden Teil meines Wesens durchdringt, verwandelt, stärkt und erneuert. Dankbarkeit fließt unaufhörlich durch mich hindurch. Ich bin erfüllt von einem tiefen inneren Gefühl der Dankbarkeit, das alle meine Erfahrungen bereichert.

Dr. Frank Richelieu ist Pfarrer der Kirche der Religionswissenschaft in Redondo Beach, Kalifornien, und ein früherer Präsident der »Religious Science International«. Einen Großteil seiner Ausbildung in religiösen Dingen erhielt er von Ernest Holmes, dem Gründer der »Religious Science«. Richelieus dynamische Vorträge kann man täglich im Radio im Living-Ideas-Programm hören, das seit 25 Jahren gesendet wird. Er ist Autor der Bücher The Prosperity Connection, Reincarnation: The Inheritance of a Soul, *und* The Art of Being Yourself.

Murray Salem

Dank Dir, Gott!

Meine Großmutter väterlicherseits, die schon lange verstorben ist, war eine einfache syrische Bauersfrau, die weder lesen noch schreiben konnte. Doch sie war inbrünstig religiös. Was sie auch tat, Gott war immer auf ihren Lippen. Sie nannte nicht nur seinen Namen, sie sagte mindestens hundert Mal am Tag: »Dank Dir, Gott. Dank Dir, Gott.« Und das nicht nur, wenn etwas Gutes geschah. Manchmal kochte die Suppe über, und es gab eine fürchterliche Sauerei. Wenn sie dann saubermachte, sagte sie: »Dank Dir, Gott. Dank Dir. Dank Dir, Gott.«

Ich fragte sie, warum sie Gott für etwas Schlechtes dankte. Sie lachte und sagte, etwas Schlechtes geschieht, wenn wir unsere Verbindung zu Gott (unserer höheren Macht) vergessen. Das erschien mir damals merkwürdig, aber sie bestand darauf, daß ich das auch tun sollte. Wenn ich mir mein Knie aufschürfte, forderte sie mich auf »Dank Dir, Gott« zu sagen. Seltsamerweise schien es zu funktionieren, und mein Knie fühlte sich besser an.

Mit fünf kam ich in die Schule. Die blauäugigen, blonden Kinder machten sich oft lustig über mich. Wegen meiner dunklen Hautfarbe gaben sie mir den Spitznamen »Nigger«. Ich haßte die Schule und flehte meine Eltern an, mich nicht mehr dahin zu schicken. Ich tat ihnen leid, aber sie konnten mich nicht für immer beschützen. Dann erfuhr meine Situ (syrisch für *Großmutter*), was los war, und forderte mich auf, »Dank Dir, Gott« zu sagen, wenn die Kinder mich mit Schimpfnamen verspotteten. Es schien mir der dümmste Vorschlag, den ich je gehört hatte.

Als jedoch einige Tage, nachdem sie mit mir gesprochen hatte, eine Gruppe von Jungens mir Nigger! Nigger! Nigger! nachrief, geschah etwas. Ich versuchte die Tränen zurückzuhalten und bemühte mich mit der ganzen Kraft meines Körpers, kein Schwächling zu sein und nicht vor ihnen zu weinen. Aber ich brach trotzdem in Tränen aus.

Dann erinnerte ich mich an Situs Vorschlag. Ich begann es leise vor mich hinzusagen. *Dank Dir, Gott. Dank Dir, Gott.* Es half! Ich weiß nicht genau, wie es geschah, aber die Tränen hörten auf. Plötzlich machte es mir nicht mehr soviel aus, was sie dachten. Vielleicht weil ich spürte, daß ich jetzt auch einen Freund hatte – Gott.

Das alles ist schon lange her. Inzwischen bin ich ein erfolgreicher Drehbuchautor geworden. Ich habe die Welt bereist und bin Hunderten von wunderbaren Menschen begegnet. Mein Leben bietet mir mehr, als ich je erwartet hatte. Und die ganze Zeit über habe ich immer »Dank Dir, Gott« gesagt. Manchmal sage ich es 100 Mal am Tag, genau wie meine liebe Großmutter. Auch jetzt möchte ich es gerne sagen.

»Dank Dir, Gott. Dank Dir. Dank Dir, Gott. »

Murray Salem ist Schauspieler und Drehbuchautor, der den Erfolgsfilm Kindergarten Cop *mit Arnold Schwarzenegger geschrieben hat. Er lebt in Los Angeles mit seinen drei Katzen Blue, Grey und Kiri.*

Ron Scolastico

Die Kraft der Dankbarkeit

Die Kraft der Dankbarkeit kann bei der Komplexität des täglichen Lebens leicht übersehen werden. Viele Menschen wissen nicht, daß dankbare Empfindungen kraftvolle, wohltätige Veränderungen in der menschlichen Persönlichkeit in Gang setzen können.

Dankbare Empfindungen können beispielsweise dazu führen, daß man emotional weicher wird und daß man sich selbst und sein Leben mit einem tiefen Gefühl der Liebe erlebt. Dadurch bringt man größere Freude und mehr Glück zum Ausdruck. Dankbarkeit kann auch starke Energien in Ihrem Inneren aktivieren, die zu einem Aufblühen Ihrer intuitiven Fähigkeiten führen können. Das versetzt Sie letztendlich in die Lage, eine tiefere spirituelle Erfahrung zu haben und sich Ihrer Existenz als ewige Seele bewußter zu werden.

Um ein besseres Verständnis von Dankbarkeit zu gewinnen, können Sie sich solche Empfindungen in bezug auf zwei allgemeine Bereiche des Lebens ansehen. Der erste Bereich ist Dankbarkeit für *dauerhafte* Aspekte Ihrer Existenz. Dazu gehören die spirituellen Wirklichkeiten des Lebens, die in Wechselwirkung mit Ihrem menschlichem Dasein stehen. Der zweite Bereich ist die Dankbarkeit für *zeitweilige,* vorübergehende Erfahrungen in der materiellen Welt.

Um für dauerhafte Aspekte Ihres Lebens dankbar zu sein, schenken Sie Ihrer Fähigkeit Aufmerksamkeit, sich als ein lebendes Individium in einem physischen Körper zu erleben. Sie haben die außergewöhnliche Fähigkeit, Ihr Selbst bewußt wahrzunehmen – zu spüren, daß »ich ich bin«. Sie besitzen die Fähigkeit zu denken, zu fühlen und in der materiellen Welt zu handeln. Diese Aspekte Ihrer Existenz werden oft für selbstverständlich gehalten. Wenn Sie sich der unglaublichen Komplexität der Energien bewußt werden, die von ewigen Seelen gewirkt wurden, um es Ihnen zu ermöglichen, in diesem Augenblick in Ihrem physischen Körper zu leben, werden Sie ein überwältigendes Gefühl der Dankbarkeit und der Liebe für Ihren Körper, für Ihr Selbst, für andere menschliche Wesen und für das ganze Leben empfinden.

Ihre dauerhafte Herrlichkeit ist auch an die schönen, mächtigen spirituellen Energien gebunden, die ununterbrochen von den Kräften, die das Leben geschaffen haben, genährt werden. Sie sind sich im allgemeinen dieser schöpferischen göttlichen Kräfte nicht bewußt, aber wenn Sie sich jeden Tag ein paar Augenblicke der Stille gönnen, um sich auf sie einzustimmen, können Sie sie *spüren.* Solche Erfahrungen werden in Ihnen ein großes Erwachen hervorrufen. Dann können Sie die Wunder, die in den spirituellen Dimensionen ständig stattfinden und die es Ihnen ermöglichen, weiterhin ein menschliches Leben in der materiellen Welt zu führen, vollständig wahrnehmen und feiern. Aufgrund solcher Erfahrungen wird es Ihnen leichtfallen, für die Macht der Dankbarkeit in Ihrer Persönlichkeit wach zu werden.

Der zweite Bereich der Dankbarkeit steht im Bezug zu Ihrem menschlichem Ausdruck, der seine Wurzeln hat im Verlangen, im Ehrgeiz, in der Erfüllung, dem Vergnügen, dem Mißvergnügen und anderen wichtigen Aspekten Ihrer subjektiven Erfahrung. Wenn Sie manchmal negative Erfahrungen machen, wie zum Beispiel Geldverlust oder eine Enttäuschung in der Liebe, dann werden Sie wahrscheinlich nicht viel Dankbarkeit empfinden. Wenn Sie ein anderes Mal Millionen gewinnen, wird es sehr leicht sein, sich dankbar zu fühlen. Daher empfinden Sie im allgemeinen Dankbarkeit, wenn Sie angenehme Erfahrungen gemacht haben und Ihre Wünsche erfüllt werden, und Sie finden es schwierig dankbar zu sein, wenn Ihre subjektiven Erfahrungen negativ sind. Das sind ganz »natürliche« Reaktionen, wobei die äußeren Umstände der menschlichen Welt Ihnen zumeist *vorgeben*, wann Sie sich dankbar fühlen. Dabei ist es wichtig, daß Sie so viele Erfahrungen von Dankbarkeit machen wie möglich, unabhängig davon, was in Ihrem täglichem Leben passiert, so daß Sie nicht von den äußeren Umständen und Ihren diesbezüglichen Gefühlen manipuliert werden. Empfinden Sie nur dann für Ihr Leben Dankbarkeit, wenn alles gut läuft, werden Ihnen in schwierigen Phasen die wichtigen Empfindungen der Dankbarkeit fehlen.

Nehmen Sie sich jeden Tag ein paar Augenblicke Zeit, um Dankbarkeit für das Leben zu empfinden, auch wenn Sie gerade das Gefühl haben in Schwierigkeiten zu sein. Sie können dann zu sich sagen:

> Was auch immer ich in diesem Augenblick für die Ereignisse in meinem Leben empfinde, ich brauche mich nicht von meinen Empfindungen manipulieren lassen. Ich habe die Freiheit, meine Gedanken und Gefühle loszulassen, mein Herz für die Herrlichkeit meiner Seele und die Herrlichkeit Gottes zu öffnen und tiefe Dankbarkeit zu empfinden für die Chance, in diesem Augenblick in der menschlichen Form am Leben zu sein.

Wenn Sie sich darum bemühen, das Spektrum der Dinge, für die Sie dankbar sind, über die angenehmen Erfahrungen hinaus zu erweitern, bringt Ihnen das großen Nutzen. Sie können dankbar sein für Erfahrungen, die anderen helfen, selbst wenn das eine große Anstrengung Ihrerseits bedeutet. Sie können dankbar sein für Wachstum, selbst wenn das für Sie anstrengend ist. Sie können dankbar sein für Wachstum, selbst wenn es durch schwierige Umstände ausgelöst wird. Manchmal können schwierige Situationen in Ihrem Leben Sie eher dazu anregen, Mut, Stärke, Verantwortung und Kreativität zum Ausdruck zu bringen als angenehme Erfahrungen. Sie können dafür dankbar sein, daß Sie in schwierigen Situationen anderen Menschen näherkommen. Dabei werden Sie bestärkt, Ihr Einfühlungsvermögen und Ihr Mitgefühl weiter zu entwickeln.

Indem Sie Ihre Wertschätzung auf immer mehr Lebenssituationen ausdehnen, können Sie Dankbarkeit für Ihr Leben empfinden, auch wenn Ihre eigenen Wünsche nicht erfüllt werden. Wenn Sie lernen, in verschiedenen Lebenslagen starke dankbare Empfindungen hervorzurufen, kann Ihnen das helfen, sich kraftvoller, kreativer und erfüllter zu fühlen.

Ob Ihre momentane menschliche Erfahrung freudvoll ist oder eher schwierig, Sie können die Kraft der Dankbarkeit täglich weiter zur Entfaltung bringen, wenn Sie folgendes zu sich selbst sagen:

> Ich freue mich, daß ich die außergewöhnliche Gelegenheit habe, das Wunder der menschlichen Existenz auf der Erde zu erleben. Ich bin dankbar für die Vielfalt an Erfahrungen, die mir in meinem Leben als Mensch zur Verfügung stehen. Und ich preise die liebevollen Kräfte meiner Seele und Gottes, die mein Leben ermöglichen.

Dr. phil. Ron Scolastico ist ein renommierter akademischer Psychologe, spiritueller Berater und Schriftsteller der auf über 25 Jahre Erfahrung in der Erforschung des menschlichen Bewußtseins zurückblickt. Seit 1978 ist Ron die Stimme der tiefen Weisheit »der Führer«. Das sind liebevolle spirituelle Wesen, die jenseits der materiellen Wirklichkeit existieren. Er ist Autor der Bücher The Earth Adventure, Healing the Heart, Healing the Body *und* Doorway to the Soul.

J. Kennedy Shultz

In allen Dingen gebt Dank

Der große deutsche Philosoph Goethe sagte gegen Ende seines langen Lebens, es bliebe sehr wenig von ihm übrig, wenn er all das abziehen würde, was er anderen verdankte. Während ich älter und hoffentlich weiser werde, wird mir deutlich, daß das auch für mich zutrifft. Alles Wesentliche an mir ist aus den Wohltaten entstanden, die mir andere Menschen auf meinem Weg erwiesen haben und die anzunehmen ich vernünftig genug war. Und aus dem Schaden, den mir andere Menschen auf meinem Weg zugefügt haben und den ich vergeben konnte. Ich habe aus alledem gelernt, seit ich für die Kraft in mir dankbar bin, mit der ich eine Erfahrung über den unmittelbaren Anlaß hinaus mir zu eigen machen kann.

Wir müssen dankbar sein, daß wir etwas dauerhaft Gutes bekommen haben durch die wundervollen Dinge, die andere uns geschenkt oder für uns getan haben, und durch jede

Art von Schaden, der uns zugefügt wurde und den wir überlebt haben. Wirklichen Schaden überlebt man nicht, ohne an Weisheit zu gewinnen. Und manchmal scheint es notwendig zu sein, daß wir erst das Schlimmste überstehen müssen, um auf diesem harten Weg zur Weisheit zu gelangen.

Es ist uns nicht möglich, unsere Weisheit zurückzuverlegen, und alles noch einmal zu tun. Es ist nur möglich, die Weisheit anzunehmen, damit vorwärts zu gehen und alles besser zu machen als zuvor. Nichts Gutes gehört uns, bis wir es besitzen, und wir besitzen nichts, was wir nicht mit Dankbarkeit annehmen. Es gehört Ihnen nicht, bis Sie »danke schön« sagen. Danke wem? Danke Gott! Es ist nicht immer einfach, anderen Menschen für das zu danken, was wir aus unserer Beziehung zu ihnen gewonnen haben. Aber es ist immer möglich, Gott dafür zu danken, daß wir etwas Wertvolles daraus mitgenommen haben. Wenn man sich einmal daran gewöhnt hat, Gott regelmäßig für das ganze Leben zu danken, wird uns auch klar, wem man sonst noch Dank schuldet, und es fällt uns dann auch leichter zu danken.

Wenn wir die alte Aufforderung »In allen Dingen gebt Dank!« für uns übernehmen, meinen wir damit nicht, daß wir uns für alles bedanken. Es ist nicht sinnvoll, für schlechte, schädliche Dinge dankbar zu sein. Anstatt bei guten Erfahrungen gedankenlos abzuheben oder bei schlechten Erfahrungen am Boden zerstört zu sein, nehmen Sie sich die Zeit, Gott dafür dankbar zu sein, daß Sie größer sind als die besten und die schlimmsten Erfahrungen, und daß Sie alle durchstehen werden, wobei Sie an ihnen wachsen.

Eine dankbare Haltung inmitten aller Erfahrungen erlaubt uns, alles zu erneuern. Sie erlaubt uns, sowohl aus dem

Besten wie aus dem Schlimmsten etwas zu machen, weil eine dankbare Haltung uns in die richtige Beziehung zu Gott bringt, der kreativen Kraft unseres Lebens. Unsere kreative Kraft fließt dann am besten in unsere Köpfe und Herzen, wenn wir dafür offen sind. Deshalb sollten Sie die göttlichen Wellenlängen Ihres Bewußtseins nicht durch die Furcht behindern, daß die guten Dinge, die Ihnen begegnen, nicht für immer andauern, oder daß die schlechten Dinge Sie lange begleiten. Nehmen Sie sich einfach die Zeit, dankbar zu sein, daß in Ihnen eine unendliche Weisheit am Werke ist, die weiß, wie alles zu Ihrem höchsten Nutzen verwendet werden kann. Wenn Sie das tun, behalten Sie im Laufe des Lebens das Beste bei und lassen den Rest ganz selbstverständlich fallen. Das nimmt den täglichen Kampf aus unserem Leben in dieser merkwürdigen Welt und macht uns frei. Je leichter wir vergeben, desto leichter leben wir. Und je mehr natürliche Dankbarkeit wir für das wirkliche Leben empfinden, umso freier werden wir von dem ganzen Unsinn, der uns zuvor straucheln ließ und unsere Lebensqualität vermindert hat.

Ich bin sehr berührt von diesem Zitat des großen Meister Eckehart: »Sei immer bereit für die Gaben Gottes und bedenke, daß Gott tausendfach mehr schenkt, als du bereit bist, anzunehmen.«

Was unsere Bereitschaft zu empfangen lähmt, trübt auch unser Bewußtsein, wenn wir nicht wissen, wie wir dem Leben in Dankbarkeit begegnen können für unsere von Gott gegebene Kraft, sowohl aus dem Guten wie aus dem Schlechten das Beste zu machen. Wenn man sich aufrichtig und mit religiöser Begeisterung darum bemüht, eine von ständiger Danksagung getragene Beziehung zu Gott zu entwickeln, werden die ängstlichen Zweifel ausgeräumt und wir sind »bereit für den Weg des Herrn«. Das ist das Bewußtsein, das daran denkt, in allen Dingen Dank zu geben.

Dr. J. Kennedy Shultz ist der Gründer und Pastor der Kirche der »Religious Science« in Atlanta. Er ist ein wohlbekannter Lehrer und Vortragsredner auf dem Gebiet des Neuen Denkens. Seine Vorträge und Seminare sind auf Audiokassetten in den Vereinigten Staaten und im Ausland verbreitet. Shultz hat ein Diplom in psychologischer Beratung von der Universität New York, und die internationale Organisation der«Religious Science« verlieh ihm 1987, als er zum ersten Mal zum Präsidenten dieser Organisation gewählt wurde, den Titel »Doktor der Religionswissenschaft«. Er ist Autor der Bücher A Legacy of Truth *und* You Are the Power.

Bernie S. Siegel

Dankbarkeit: ein Bewußtseinszustand

Ich glaube, daß Dankbarkeit eher ein Bewußtseinszustand ist als ein Lebensumstand, der mit Gesundheit oder Wohlstand zusammenhängt. Ich kann wohl sagen, daß einige Menschen, von denen ich am meisten über Dankbarkeit gelernt habe, das sind, was ich Gefangene des Lebens nenne. Was meine ich damit? Ich meine diejenigen, die in ihrem Körper oder in Institutionen gefangen sind und dennoch für das Leben danken. Wenn Sie dankbar sind für Ihr Leben und es als Gelegenheit betrachten, Liebe zu schenken, dann verändert sich, wie ich glaube, Ihr Leben, und Sie leben es so, wie es von unserem Schöpfer beabsichtigt war.

Ich kenne beispielsweise Menschen, die verschiedene Krankheiten und Behinderungen haben und die ich doch gesund nenne. Warum sind sie gesund? Sie haben das gelernt, was der Vater meines Kollegen, ein Arzt für Allgemeinmedizin, einmal so ausdrückte: »Wahre Gesundheit ist die Fähigkeit, ohne sie zu leben.«

Sam Keen erzählt von einem seiner Freunde, der an Gehrigs Krankheit leidet. Er ist schwer krank, sogar das Atmen fällt ihm zur Last. Sam besuchte ihn und beglückwünschte ihn zu seiner Einstellung. Der Freund fragte: »Was bleibt mir anderes übrig?« Und Sam sagte: »Du könntest sauer sein und ein wenig rumjammern.« Sein Freund erwiderte:« Das ist mir nie in den Sinn gekommen.« Und doch würden die meisten Menschen auf die Frage, ob das Leben gerecht ist, Ihnen ein NEIN an den Kopf werfen. Je reicher sie sind, desto lauter beklagen sie sich. Wir müssen uns darüber klarwerden, daß das Leben nicht ungerecht ist, selbst wenn es schwierig wird. Wir haben alle unsere Probleme. Der Schlüssel besteht darin zu lernen, mit ihnen zu leben und sogar Nutzen aus ihnen zu ziehen.

Die Botschaft meiner Mutter an mich war: »Es sollte so sein. Gott gibt dir eine neue Richtung. Daraus wird etwas Gutes entstehen.« Sie ähnelt darin Carl Jung, der wie man mir erzählt hat, seinen Freunden, wenn sie von einem tragischen Ereignis berichteten, zu sagen pflegte: »Laßt uns eine Flasche Wein aufmachen. Daraus wird etwas Gutes entstehen.« Wenn sie von einem wundervollen Ereignis berichteten, sagte er: »Das tut mir leid, aber wenn wir zusammenhalten, können wir es vielleicht durchstehen.« Sie lachen vielleicht, aber über 90 Prozent aller Lotteriegewinner beklagen sich drei bis fünf Jahre nach ihrem Gewinn darüber, daß dieser ihr Leben ruiniert hat.

Was sagt die Bibel oder der Talmud dazu? Die Bibel sagt, daß der Menschensohn nicht kommt, um bedient zu werden, sondern um zu dienen und sein Leben hinzugeben für das Wohl vieler. Der Talmud sagt uns, daß derjenige der Welt Rettung bringt, der in der Not, die ihm selbst widerfährt, frohlockt. Andere Religionen lehren uns ebenfalls, daß in einer Notlage oder in einem Mißgeschick ein Geschenk oder eine Lehre enthalten sein kann. Sogar bei Hiob lernen wir, daß Notlagen heilsam sein können, und daß man sich durch ein Mißgeschick für eine neue Wirklichkeit öffnet.

Über Gottes Schreibtisch stehen seine liebsten Sätze, die Ihnen helfen, Ihre Last zu erleichtern und Dankbarkeit zu empfinden für das Leben als eine Gelegenheit, auf Ihre einzigartige Weise Liebe zu schenken. Der erste lautet: »Fühl Dich nicht völlig, persönlich, unwiderruflich und auf ewig verantwortlich für Alles. Das ist meine Aufgabe.« Und es ist unterzeichnet mit »Gott«. Der zweite lautet: »Alles, an das Du Dich erinnerst, vergesse ich, und alles, was Du vergißt, daran erinnere ich mich.«

Jetzt leben wir also hier unter all den Schwierigkeiten und Schmerzen, und was ist es, das uns wirklich dankbar macht und uns lehrt, was für ein Schatz das Leben ist? Unsere Sterblichkeit. Ja, ohne körperliche und emotionale Schmerzen würden wir nicht überleben. Sie schützen uns und machen uns wach für unsere Bedürfnisse und die Bedürfnisse der Menschen, die wir lieben. Die Sterblichkeit lehrt uns, daß unsere Zeit hier begrenzt ist, und macht uns deutlich, was für ein Schatz das Leben ist. Peter Noll teilte uns in seinem letzten Tagesbericht mit: »Zeit ist nicht Geld. Zeit ist alles. Wenn man etwas das letzte Mal sieht, bedeutet das beinahe ebensoviel, wie wenn man es zum ersten Mal sieht, und man verbringt mehr Zeit mit den Dingen und Menschen, die man liebt, und weniger mit den Dingen und Menschen, die man nicht liebt.«

Ich kann nur meine Dankbarkeit für das Leben und die Chance, an dem ganzen Wunder der Schöpfung teilzuhaben, obwohl ich dabei auch viel Schmerz erfahre, mit Ihnen teilen. Vor allem bin ich einfach dankbar, morgens zu erwachen und mir der Welt um mich herum bewußt zu werden. Ich weiß, daß es andere Menschen gibt, die am nächsten Morgen lieber nicht aufwachen würden. Wodurch unterscheiden wir uns?

Ich glaube daß es die Liebe ist, die den Unterschied macht. Die Liebe, die ich von dem Augenblick meiner Geburt an empfangen habe, macht es mir leichter, mich dankbar zu fühlen. Ich bitte Sie alle, gehen Sie so miteinander um, wie es eine liebevolle Mutter tun würde, so daß wir alle dankbar sein können für das Leben. Wie Sie lieben, überlasse ich Ihnen. Wählen Sie einfach Ihre Art und Weise des Dienens aus Liebe, und bringen Sie bitte diese Liebe jedesmal zum Ausdruck, wenn Sie Menschen begegnen.

Wenn wir das tun, wird jedes Kind dankbar sein für das Leben und die Gelegenheit zu dienen und einen Beitrag leisten zu dem Leben anderer. Denken Sie trotz alledem daran, daß Dankbarkeit immer eines Entschlusses bedarf und aus dem freien Willen kommen muß. Der Garten Eden hatte keinen Bestand, weil es keine andere Wahl gab. Sie haben die Wahl. Laßt uns das Leben und alle Geschöpfe lieben und dankbar sein.

Dr. med. Bernie S. Siegel ist ein Allgemein- und Kinderchirurg im Ruhestand, der sich jetzt damit befaßt, die medizinische Versorgung und die medizinische Ausbildung menschlicher zu gestalten. Er ist der Gründer von EcaP (Exceptional Cancer Patients) und der Autor von Prognose Hoffnung *und* Mit der Seele heilen.

Christian Sorenson

Mit den Augen der Dankbarkeit sehen

In meinem fünften Lebensjahr schenkte mir meine Großmutter zu den Winterferien eine Krawatte, auf der geschrieben stand »Glückliches neues Jahr!« Ich mochte sie nicht besonders und betete, sie nie tragen zu müssen. Aber der Dankbrief, den ich zu schreiben hatte, ist meine früheste Erinnerung an Dankbarkeit. Als ich an diesem Brief saß, stellte ich in Gedanken, wie wir es bei jedem Brief tun, eine Verbindung mit meiner Großmutter her, die immer sehr liebevoll für mich sorgte. Und ich empfand sogar einen Wert für das geringste Beutestück meiner Ferien.

Solche frühen Lektionen der Dankbarkeit prägten meine lebenslange Gewohnheit, Dank auszudrücken, die in meiner Welt reichen Ertrag brachte. Wenn wir das Gute erkennen, können wir nicht umhin, uns positiv auszurichten. Das befreit uns auf natürliche Art und Weise von den schweren negativen Gedanken, die bei manchen Menschen offenbar vorherrschen. Wenn ich mit erfolgreichen Menschen spreche, merke ich, daß sie sich auf Möglichkeiten und Gelegenheiten konzentrieren und nicht auf Risiken und Schwierigkeiten. Diese Leute sind dankbar für ihren bisherigen Erfolg und erwarten vom Leben, daß es sie gut behandelt. Und das geschieht auch.

Ernest Holmes, der Gründer der »Religious Science«, schreibt in seinem Buch *Science of Mind* (dt. *Die Vollkommenheitslehre*): »In uns schlummert die Möglichkeit grenzenloser Erfahrungen. Es ist unser Privileg, sie ins Leben zu rufen!« Das Leben wartet darauf, daß Sie sich seinen Träumen anvertrauen. Wenn wir uns mit dem positiven Fluß verbinden, können wir dankbar sein für die Schwierigkeiten, die uns begegnen, und sie als Gelegenheiten erkennen, noch mehr Gutes hervorzubringen. Dabei wachsen und lernen wir ständig.

Ein dankbares Herz lädt die Seele auf und erfüllt den Körper mit frischer Energie. Es befreit unsere Seele von Fesseln und hebt unser Bewußtsein an einen angenehmen Ort, wo wir uns mit den Flügeln des Bewußtseins und in Harmonie mit der kreativen Intelligenz emporschwingen können. Eine wunderbare Übung, die Sie morgens, noch bevor Sie Ihre Augen öffnen, durchführen können, besteht darin, alles Gute in Ihrem Leben zu erkennen und zu empfinden. Statt zu sagen »O Gott, es ist Morgen«, versuchen Sie es mal mit »Dank Dir, Gott, für diesen guten Morgen« oder »Das ist ein neuer, wundervoller Tag. Ich bin so froh, am Leben zu sein. Dies ist der Tag, den der Herr geschaffen hat. Ich will in preisen und froh sein.« Zählen Sie mindestens ein Dutzend Ihrer Wohltaten auf, bevor Sie aus dem Bett steigen. Sie werden überrascht sein, wieviel besser Ihr Tag verlaufen wird. (Aber Vorsicht! Manchmal wird es nicht gerne gesehen, wenn Sie zu guter Laune sind, bevor die anderen ihren Kaffee getrunken haben!)

Das Leben ist ein großes Rundfunknetz, das nur darauf wartet, daß wir uns in seine grenzenlose Vielfalt einschalten. Während wir unsere Aufmerksamkeit durch Dank und Lobpreisung der positiven Seite zuwenden, bringen wir uns in Harmonie mit dieser großzügigen Schwingung. Es scheint eine magnetische Kraft zu geben, die unsere Aufmerksamkeit auf das allgegenwärtige, stetig wachsende Gute lenkt. Als ob unser Bewußtsein und Unterbewußtsein sorgfältig daraufhin arbeiten, nur solche Erfahrungen anzuziehen, die uns fördern. Wenn wir mit den Augen der Dankbarkeit schauen, werden wir ein Kanal für weitere gute Dinge, für die wir dankbar sein können. Wir werden dazu angehalten, »für alles dankbar zu sein«. Dazu gehören auch Krawatten, unser Körper und unser täglicher Atem.

Es ist leicht für die großartigen Dinge im Leben dankbar zu sein. Wenn man jedoch »alle Dinge« zu würdigen weiß, wird man in einen kraftvollen, harmonischen Zustand versetzt. Als ich heute morgen an der Steilküste von Del Mar vor meinem Haus saß und den Tag begrüßte, tauchte ich in so viel Schönheit ein, daß mich ein Gefühl von Ehrfurcht ergriff. Ich fühlte mich eins mit den Pelikanen, die wenige Zentimeter über dem Wasser dahinglitten. Ich konnte das Vergnügen der Delphine nachempfinden, die auf den großen Wellen surften. Und als ich einen flüchtigen Blick der Wale erhaschte, deren Flossen sich majestätisch aus dem Wasser hoben, erkannte ich die Majestät Gottes. An diesem Morgen jedoch konnte ich in der Verzückung des Augenblickes auch einen Eindruck davon gewinnen, wie ich im

Einklang mit den Gezeiten atmete, die mit dem Wind einen perfekten Rhythmus bilden, so wie das Gras sich in völliger Übereinstimmung mit dem Rest kräuselt. In diesem Augenblick wurde mir jedes Sandkorn bewußt, das in perfektem Gleichgewicht und Einklang mit dem ganzen Universum schwingt.

Als ich in den Zustand der Individualität zurückkehrte, konnte ich zu diesem Erlebnis nichts anderes sagen als ... danke schön.

Christian Sorenson ist Hauptpastor an der Kirche der »Religious Science« in Del Mar, Kalifornien. Er ist der ehemalige Präsident der Priesterschaft in Südkalifornien und gehörte dem internationalen Kuratorium der«Religious Science« an. Als Weltreisender und Wahrheitssucher hat er Hunderte auf sprirituellen Forschungsreisen in China, Indien, Afrika und anderen exotischen Ländern geführt. Sorenson befaßte sich ein Leben lang mit Metaphysik. Ihm geht es darum, den Geist in allen Dingen zu erkennen.

Hal und Sidra Stone

Die Offenbarung der Dankbarkeit

Es gibt kein menschliches Gefühl, das an sich gut oder schlecht ist, wie positiv es auch immer erscheinen mag. Alles hängt davon ab, wie wir diese Empfindungen und Gefühle einsetzen. Es ist unsere Fähigkeit, eine bestimmte Energie wahrzunehmen, wie auch die Fähigkeit zu entscheiden, wie sich diese Energie in der Welt manifestiert, die bestimmt, wie wir eine Idee, ein Gefühl oder eine Erfahrung einsetzen. Nur dadurch können wir beurteilen, ob sich eine bestimmte Emotion oder Idee so verwirklicht, daß sie eine Kraft zum Guten oder zum Bösen in der Welt ist. Dankbarkeit stellt keine Ausnahme dieser Regel dar.

Dankbarkeit und Liebe, die man so oft zusammen erlebt, haben ihrem Wesen nach mit Beziehungen zu tun. Das heißt, es muß jemanden geben, der Dankbarkeit empfindet, und jemand, der etwas tut, das Dankbarkeit hervorruft. Dankbarkeit ist auch ein grundlegendes Thema der transformatorischen Arbeit, weil sie im allgemeinen eine zentrale Empfindung ist bei Menschen, denen die Hilfe irgendeines Lehrers zuteil wird. Wenn man sie so einsetzt, wird sie zu einem Teil der Übertragungsbeziehung, die zwischen dem Lernenden und dem Lehrer in jeder Lern-, Ausbildungs- oder therapeutischen Beziehung vorkommt. Im Rahmen dieses Aufsatzes soll das Wort *Lehrer* jede therapeutische Modalität wie Therapeut, Heiler oder Schriftsteller einschließen. Das Wort *Lernender* soll jeden Empfänger von Hilfe einschließen, gleich ob es sich um einen Klienten, einen Untergebenen, einen Patienten oder einen Suchenden handelt.

Zu den verwirrenden Aspekten der Dankbarkeit gehört, daß sie von dem Einzelnen auf recht verschiedene Art und Weise erlebt werden kann. Wie man sie erlebt und wie sie sich im Laufe der Zeit zeigt, das hat eine starke Wirkung auf den Entwicklungsprozeß der jeweiligen Person. Wir möchten unser Augenmerk darauf richten, wie sich Dankbarkeit mit und ohne Bewußtheit manifestiert und welche Konsequenzen sich daraus ergeben. Wir sehen dieses Thema im Kontext der Beziehung zwischen Lehrer und Lernenden, sei es in der Therapie, bei der Heilung und der Arbeit mit Leuten, die ein umfassenderes Bewußtsein anstreben. Dankbarkeit ohne Bewußtheit kommt im allgemeinen durch die kindliche Seite einer Person zum Ausdruck. Unter der kindlichen Seite verstehen wir, daß es eine Eltern-Kind-Wechselwirkung zwischen dem Lehrer und dem Lernenden gibt, und daß der Lernende sich in der Rolle des Sohnes oder der Tochter des Lehrers befindet. Dabei können sehr starke Gefühle hervortreten, aber sie erscheinen im Kontext der Eltern-Kind-Wechselwirkung. Wir bezeichnen diese Eltern-Kind-Wechselwirkung als ein Bindungsmuster.

Wer zum Beispiel von einem spirituellen Lehrer Hilfe erfährt, neigt dazu, in eine bestimmte emotionale Beziehung zu dem Lehrer zu geraten. Der Lernende ist von Dankbarkeit und Liebe erfüllt, und sein Kelch fließt wahrhaftig über. Das ist ein natürlicher, organischer Teil der Beziehung und geht einher mit der Liebe und der Dankbarkeit, die im allgemeinen zu einer spirituellen Initiation gehören. Diese Form der Beziehung sollte jedoch nicht für immer beibehalten werden.

Was sind die Konsequenzen einer solchen Eltern-Kind-Wechselwirkung? Wie kann etwas so Schönes überhaupt zu etwas Negativem werden? Wenn zu viel Dankbarkeit aus dem Bereich des Kindlichen herrührt, wird es viel schwieriger, in seine Kraft zu kommen, weil die zugrundeliegende Verletzlichkeit unbewußt bleibt. Dann wird das Innere Kind (Verletzlichkeit) des Lernenden von dem Lehrer versorgt. In einer solchen Situation mag der Lernende zwar auf der sprituellen Ebene weiterhin wachsen, aber es wird eine Abhängigkeit von dem Lehrer erzeugt, und die Beziehung bleibt positiv. Der Lernende wird sich davor fürchten, auf den Therapeuten/Lehrer zu reagieren, und sich hüten, irgendeine Form von Negativität einzubringen, aus Angst, die Liebe und die enge Verbundenheit zu verlieren, nach der sich das Innere Kind so verzweifelt sehnt.

Wir haben schon darauf hingewiesen, daß dies ein ganz natürlicher Teil des Bewußtseinsprozesses ist. Wenn der Lehrer ihn versteht, wird er dem Lernenden dabei helfen, sich seiner Verletzlichkeit bewußt zu werden, und ihn anleiten zu erkennen, daß er letztlich die Verantwortung für das Innere Kind selbst übernehmen muß. Wenn der Suchende erst einmal in der Lage ist, sich in diese Richtung zu bewegen, beginnt sich bei ihm ein Zustand der Bewußtheit zu entwickeln, und der Betreffende sieht sich allmählich in der Lage, sowohl seine Kraft als auch seine Verletzlichkeit liebevoll anzunehmen.

Im Verlauf dieses Prozesses verschiebt sich die Dankbarkeit ihrem Wesen nach. Der Suchende ist immer noch dankbar für die Hilfe, die Liebe, das gute Gefühl und alles andere, daß ihm geschenkt worden ist. Dazu kommt jedoch eine Entwicklung der persönlichen Kraft, eine Bereitschaft Risiken einzugehen, indem man seine Gefühle zeigt und womöglich Reaktionen hervorruft, die die Sache gefährden könnten. Es ist jetzt ungefährlicher, derartige Risiken einzugehen, weil der äußere Lehrer nicht mehr der Vater oder die Mutter des Innerern Kindes ist. Wir sind jetzt selbst mit unserer Bewußtheit die Eltern unseres Kindes.

Dankbarkeit ist ein Gefühl, das im allgemeinen die Poren der Liebe und des Mitgefühls öffnet. In den Heilkünsten ist sie die Grundlage der emotionalen Bindung zwischen Lehrer und Lernenden. Ohne Bewußtheit kann sie zu einer überzogenen Betonung der positiven Gefühle führen. Daraus ergibt sich dann Abhängigkeit und eine Überbetonung von Liebe, Dankbarkeit und Mitgefühl. Mit Bewußtheit kann man diese Gefühle umfassend erleben und würdigen, ohne den Prozeß zu stören, in dessen Verlauf der Lernende schließlich selbstständig wird. Das sollte eigentlich unser höchstes Ziel als Lehrer sein.

Dres. phil. Hal und Sidra Stone, beide klinische Psychologen, sind die Autoren der Bücher Du bist viele, Abenteuer Liebe, Lebendige Partnerschaft *und* Du bist richtig. *Hal Stone gründete in den frühen siebziger Jahren das Zentrum für Heilkunst in Los Angeles, eine der ersten Einrichtungen für ganzheitliche Gesundheit im Land. Sidra Stone leitete »Hamburger in Los Angeles«, ein Zentrum zur stationären Behandlung heranwachsender Mädchen. Seit 1982 reisen und lehren sie weltweit. Die beiden leben in Mendocino County an der kalifornischen Nordküste.*

Sharron Stroud

Dankbarkeit als eine Art des Seins

Ich habe entdeckt, daß Dankbarkeit eine Seinsweise darstellt. Wenn wir erkennen, daß alles in diesem Leben ein Geschenk des Universums ist, und daß das, was wir aus dieser Sache, die man »Leben« nennt, machen, unser Geschenk zurück an das Universum ist, dann vertieft sich unsere Bewußtheit. Dankbarkeit ist eine fühlbare Substanz, die von der Person ausströmt, die dieses Empfindung hat. Diese Substanz durchdringt und erfüllt die Umgebung, die Kleidung und Gegenstände.

Dankbarkeit als eine »Seinsweise« beginnt sich als die Kunst und Wissenschaft des Segnens zu zeigen. Das ergibt einen Sinn, wenn wir verstehen, daß alles Leben auf der Frequenz einer Energie schwingt. Die Energie, die wir ins Leben rufen, ist dieselbe, die zu uns zurückkommt. Das wird problematisch, wenn wir im Leben nicht die gewünschten Ergebnisse erhalten. Doch jede Erfahrung erlöst sich durch unsere Bereitschaft, ihre Botschaft anzunehmen und das Geschenk zu akzeptieren, das sie mit sich bringt. Das schafft Raum für Wunder.

Als Kind lebte ich auf einem großen Grundstück, das mit Walnußbäumen bestanden war. Ich hatte einen »besonderen« Baum, auf den ich klettern und in dem ich mich wiegen konnte. Dieser Baum war ein ganz spezieller Freund, und ich war sehr dankbar für seine Gesellschaft. Der Baum hörte sich immer meine Gedanken an und ließ mich auf seinen Gliedern klettern, so daß ich eine »Vogelperspektive« auf die Welt um mich herum gewann. Wenn ich hungrig war, gab er mir sein süßes Fleisch, und ich war zufrieden. Aus den Walnußschalen konnte ich auch kleine Boote machen mit einem Zahnstocher als Mast und einem Segel aus Papier. Ja, der Baum war mein Freund, und ich war dankbar.

Wenn unsere Familie keine Unterstützung erhielt, stellte meine Mutter Wanderarbeiter ein, die die Bäume schüttelten, und wir füllten dann die Jutesäcke mit den schönsten Walnüssen auf Gottes grüner Erde. Der Verkauf der Walnüsse sorgte immer dafür, daß wir ein wunderschönes Weihnachtsfest hatten. In der damaligen Zeit wußte ich das Geschick meiner Mutter nicht zu schätzen. Walnüsse besitzen eine dunkle äußere Haut, die einem die Hände buchstäblich schwarz färbt! Das geht nur nach und nach weg, die Kinder in der Schule machten sich deshalb lustig über mich, und die Lehrer forderten mich auf, nach Hause zu gehen und mir die Hände zu waschen!

Als ich Jahre später über diese Erfahrung nachdachte, empfand ich ein überwältigendes Gefühl von Dankbarkeit. Sie lehrte mich nämlich, nach dem Ausschau zu halten, was gerade zur Verfügung steht, es zu segnen und zu beobachten, wie die Essenz zu meinem Wohl anwuchs! Ich empfand ein tiefes Mitgefühl für diejenigen, die in schwierigen Situationen unser Verständnis und unsere Liebe brauchen, und ich erkannte, wie unser Handeln aus der Liebe hervorgeht.

Die »dankbare Einstellung« hat mir in den 20 Jahren, wo ich geistliche Ämter bekleidete, gute Dienste geleistet. Die Kunst des Segnens ergibt sich aus unserer Bereitschaft, loszulassen und sich dem Engel der Gegenwart hinzugeben, der in seinen Flügeln Schönheit mit sich bringt. Wir erkennen dann, daß unter der Oberfläche etwas am Wirken ist, und daß wir diesem Prozeß Vertrauen schenken müssen.

Dr. Sharron Stroud, die »Internationale Frau des Jahres« 1991–92, ist seit 25 Jahren Jungsche Psychologin, inspirierende Rednerin, Beraterin und Lehrerin. Sie ist auch Gründerin des »Center for the Celebration of Life«, ein spirituelles Zentrum , in dem geheilt, gelehrt und gefördert wird und das Anliegen unterstützt wie den Weltfrieden, mißbrauchte Frauen und Kinder und Aids. Außerdem gründete sie das »Challenge Center«, ein Zentrum zur Behandlung von doppelseitig gelähmten Menschen, die dort lernen, ihr Leben neu zu gestalten. Sie hat auch als Präsidentin des »United Clergy of Religious Science« gedient.

Angela Passidomo Trafford

Wir werden frei, wenn wir authentisch sind

»Die Qualität der Gnade ist niemals überfordert. Sie fällt als sanfter Regen vom Himmel…«

Diese Worte kommen mir in den Sinn, wenn ich für die bedingungslose Liebe in meinem Herzen Dankbarkeit empfinde – Liebe, die aus der Quelle der Schöpfung fließt, weil ich weiß, daß mir vergeben worden ist.

Warum brauche ich Vergebung? Warum muß ich vergeben? Weil ich ein Mensch bin.

Während ich mich darin übe, mir selbst und anderen zu vergeben, spüre ich, wie die Dankbarkeit in mir anwächst, und Demut erfaßt mich angesichts der Großmut Gottes. Dankbarkeit bewegt mein Herz, treibt mir Tränen in die Augen. Die Erkenntnis, daß ich geliebt werde, macht mich demütig.

Diese Erkenntnis öffnet mich und läßt mich wachsen. Ich spüre eine tiefe Verbindung und Übereinstimmung mit Gott und tiefe Liebe für andere Menschen. Jemand hat das Risiko auf sich genommen, für mich zu sorgen, und für dieses Wunder bin ich dankbar!

Dankbarkeit verbindet uns mit Gott und mit unseren Mitmenschen. Wenn ich einen Mangel an Dankbarkeit in der Welt feststelle, wird mir klar, daß wir in unserer Verletztheit isolierte Menschenwesen geworden sind, die Angst vor Verbundenheit haben. Wir weisen die Erfahrung von Nähe zurück, die uns wahrhaftig in sprituellerEintracht von Herz zu Herz mit unseren Mitmenschen verbindet. Wir verleugnen unsere Seelenhaftigkeit.

In den frühen Tagen meiner Heilarbeit wurde ich mutlos, als ich bei einigen meiner Klienten einen Mangel an Dankbarkeit feststellte.

Ich las die Worte von Albert Schweitzer aus einer Predigt, die er in Afrika gehalten hatte. Ganz einfach ausgedrückt sagte er, daß man bei einem Mangel an Dankbarkeit sich selbst prüfen solle, ob man Dankbarkeit zeigt.

Ich begann, nach diesen Worten zu leben, und stellte fest, daß meine Welt sich veränderte. Authentisch zu sein ist das Einzige, was wirklich funktioniert und uns frei macht.

Vor Jahren ging ich mit einer Freundin in einem schönen Garten spazieren. Ich blieb stehen und sah mit Entsetzen, wie eine Libelle sich im Netz einer großen schwarzen Spinne wand. Die Bewegungen der gefangenen Libelle weckten die Spinne auf, die langsam auf ihre unglückliche Beute zukam.

Ich konnte die Not der Libelle spüren. Sie kämpfte um ihr Leben!

Von Mitleid getrieben griff ich schnell nach einem Stock und befreite blitzschnell die Libelle, sehr zur Bestürzung der hungrigen Spinne. Ich entfernte vorsichtig das klebrige Netz von den Fühlern und Beinen meiner neuen Freundin. Das Sonnenlicht glitzerte fluoreszierend auf ihren hauchdünnen Flügeln. Ich hatte mich immer vor Libellen gefürchtet; jetzt erschienen sie mir von faszinierender Schönheit.

Die Libelle ließ sich auf meinem Finger nieder. Sie hatte es nicht eilig, wegzufliegen. Ich war fasziniert. Nach einiger Zeit wünschte ich ihr alles Gute und blies sie weg, wie man es mit einem Marienkäfer macht.

Sie flog weg und kehrte wieder zurück, um sich auf meiner Schulter niederzulassen, wo sie fast den ganzen Nachmittag blieb. Sie halten mich womöglich für einfältig, aber ich könnte schwören, daß sie mir dankte!

Seitdem habe ich eine enge Beziehung zu Libellen. In meinem Herzen stelle ich mir vor, daß ich den König der Libellen gerettet habe, und jetzt überall, wo ich hingehe, ein willkommener Gast in seinem natürlichen Reich bin. Erfahrungen wie diese vermitteln mir von innen her ein gutes Gefühl.

Ein Freund erzählt mir, daß er einmal eine Eule gerettet hat. Diese besuchte danach jahrelang den Baum neben seinem Schlafzimmerfenster. Ich wünschte, wir Menschen könnten so natürlich sein.

Angela Passidomo Trafford ist die Autorin des Buches The Heroic Path: One Woman's Journey From Cancer to Self-Healing. *Als Trafford das »Geschenk« der Krebserkrankung erhielt, erkannte sie, daß sich daraus ein Weg zur Wandlung in ihrem Leben ergeben würde. Nachdem sie mit Chemotherapie und Bestrahlungen behandelt worden war, entdeckte sie das Buch von Dr. Bernie Siegel* Prognose Hoffnung *und begann, die darin beschriebenen Methoden der Visualisation zu praktizieren. Aus ihrer außergewöhnlichen Heilerfahrung (in Dr. Siegels Buch* Mit der Seele heilen *wird darüber berichtet) entwickelte sie die Fähigkeit »in andere Menschen hineinzusehen«, um ihnen zu helfen, ihr Leben, ihre Gesundheit und ihren Lebensstil zu transformieren. Zur Zeit unterweist sie Menschen darin, aus der Kraft des Glaubens und der Liebe heraus zu leben.*

Rama J. Vernon

Dankbarkeit: ein stilles Gebet ohne Worte

Ein großer Seher sagte einmal: »Die Engel schweben über der Erde, um Ausschau zu halten nach den Strahlen der Danksagung und der Dankbarkeit, die von einem selbstlosen Herzen ausgehen.«

Das Wort *Dankbarkeit* wird bei Webster definiert als die Empfindung oder der Zustand des Dankbarseins. Dankbarsein bedeutet, von Größe oder Gnade erfüllt zu sein. Dankbarkeit heißt sich zu bedanken, nicht an einem Tag im Jahr, sondern jeden Tag, jede Minute und mit jedem Atemzug. Ihr Ausdruck in unserem Leben und anderen gegenüber gipfelt in der Erkenntnis, daß wir in uns selbst ganz und vollständig sind.

Dankbarkeit ist für mich immer wie ein stilles Gebet ohne Worte gewesen. Wenn es aus dem Zentrum unserer Seele kommt, wirkt es wie ein geflügelter Bote, der unsere persönlichen Ambitionen und unsere Bedürfnisse und Ansprüche in eine transzendente Sicht von Lebenszyklen und Mustern verwandelt.

Wenn Dankbarkeit und Danksagung zu einem Lebensstil werden, dann tritt aller Überfluß – physisch, spiritiuell und materiell – zugleich auf. Unsere persönliche Kraft mischt sich mit den Kräften des Universum zur Heilung der Welt, während wir uns selbst heilen. Dankbarkeit trägt uns empor zu den höheren Frequenzen, wobei sie Spannungs- und Krankheitsherde transformiert.

Während wir mit jedem Atemzug Dankbarkeit äußern, werden wir zu einer Sinfonie von Mitgefühl, Liebe und Verständnis. Die Grenzen der Getrenntheit in uns lösen sich auf in einer Bewußtheit unserer Einheit mit allem.

Sogar in den dunkelsten Augenblicken unseres Lebens können wir uns in Ehrfurcht und Dankbarkeit öffnen in dem Wissen, daß aus Krisen neue Möglichkeiten geboren werden. Durch freudiges Annehmen und Danksagen werden die Ereignisse des Lebens zu einem sanften, stetigen Strom des Bewußtseins, der Stolpersteine in Sprungbretter verwandelt.

Dankbarkeit ist unsere Opfergabe an eine höhere Macht, in dem Vertrauen, daß es etwas Größeres gibt, das uns führt, hält und schützt. Dankbarkeit schafft ein Resonanzfeld, das unsere Visionen persönlicher und globaler Wandlung eint und bestärkt.

Wie praktiziert man Dankbarkeit? Sie können jeden Tag mit jedem Wort, jedem Gedanken und jeder Geste Dankbarkeit praktizieren. Auch wenn Sie vielleicht ganze Kataloge von

Wünschen und Bedürfnissen haben, fragen Sie sich, wofür Sie gerade jetzt dankbar sein könnten. Halten Sie in Ihrem Leben Ausschau nach Dingen, die Dankbarkeit auslösen, auch wenn Sie Ihnen zunächst unscheinbar erscheinen mögen. Schon bald werden Sie automatisch anfangen, sich voller Schwung und Freude zu fühlen. Üben Sie sich darin, Ihrer Dankbarkeit Ausdruck zu verleihen – nicht einmal im Jahr, sondern jeden Tag. Stellen Sie eine Dankbarkeitsliste auf und beobachten Sie, wie sie wächst. Konzentrieren Sie sich auf die Fülle, die jetzt in Ihrem Leben existiert, statt auf den Mangel.

Betrachten Sie in Ihrer Vision Ihr Leben als vollkommen. Bekräftigen Sie diese und verwirklichen Sie sie. Seien Sie diese Vision. Es gibt nichts für Sie zu erlangen außerhalb Ihrer selbst. Sie sind das Universum, das seine eigene Perfektion in sich birgt. Shakespeare sagte: »Nimm die Haltung ein, obschon du sie nicht hast, und sie wird dein sein.«

Dankbarkeit können Sie jederzeit und überall praktizieren. Dazu müssen Sie sich nur Ihres Atems bewußt werden. Stellen Sie sich während des Einatmens vor, daß Sie das universelle Bewußtsein aus allen Richtungen zugleich in das Zentrum Ihres Wesens hineinziehen. Halten Sie Ihren Atem ruhig an und erlauben Sie sich dabei, in einem Gefühl der Fülle und der Vollständigkeit zu schwelgen. Verbreiten Sie beim Ausatmen Ihre innere Fülle, Ihre Freude und Ihren Überfluß auf alles in Ihrem Leben und in der Welt.

Es folgen weitere Vorschläge, die mir im Laufe der Jahre dabei geholfen haben, einen Sinn für Dankbarkeit zu entwickeln:

- Sehen Sie alle Menschen im Licht der universellen Liebe, während Sie neben Ihnen arbeiten und gehen.

- Heilen Sie mit Ihren Worten anstatt zu verwunden.

- Vergeben Sie zuerst und machen Sie den ersten Schritt.

- Betrachten Sie jeden Menschen in Ihrem Leben mit Liebe und Dankbarkeit, besonders diejenigen mit denen Sie in der Vergangenheit oder gegenwärtig Schwierigkeiten haben.

- Seien Sie ein spontaner Kanal, aus dem bedingungslose Liebe strömt, überall wo Sie sind und mit wem Sie auch immer zusammen sind.

- Verkörpern Sie den Frieden, den Sie in der Welt gerne sehen würden.

Für mich ist Dankbarkeit eine Einstellung des Geistes und des Herzens. Sie beginnt von innen und fließt durch jeden Teil meiner Seele. Sie läßt keinen Bereich meines Wesens unberührt. Sie umfaßt alles, was ich bin, und fordert das Höchste und Beste von mir, das ich erschauen und nach dem ich streben kann. Für mich ist Dankbarkeit eher ein Seinszustand als etwas, was ich tue. Sie ist nie endende Liebe für den Schöpfer und alle Schöpfungen des Lebens.

Rama J. Vernon ist Gründerin der Vereinigung Kalifornischer Yogalehrer, der Organisation, die das Yoga Journal *gegründet hat und herausgibt. Vernons internationale Arbeit als Präsidentin des »Center for International Dialogue« (gegründet 1984, um einen Rahmen zu schaffen, in dem die Bürger der USA und der UdSSR ihre Differenzen überwinden konnten) und ihre unermeßliche Erfahrung im Yoga brachten sie dazu, das Institut für Konfliktlösung und Friedensforschung mitzubegründen. Dieses Institut wendet Ost-West-Psychologie, spirituelle Prinzipien und Patanjali Yoga Sutras als Basis zur Ausbildung in innerer und äußerer Gewaltlosigkeit an, um internationale Teams von Spezialisten zur Konfliktlösung zu bilden.*

Doreen Virtue

Bedingungslose Dankbarkeit

Jede richtig wahrgenommene Situation wird eine Gelegenheit zum Heilen.
Ein Kurs in Wundern

Es ist ganz einfach, in offensichtlichen Momenten Dankbarkeit zu empfinden, etwa wenn sich ein Freund bemüht Ihnen zu helfen, oder wenn Sie ein Geschenk erhalten, was Ihrem Geschmack besonders entspricht. Wir verströmen in spirituellen Momenten bereitwillig Dankbarkeit: Ein kraftvoller Gottesdienst, eine intensive Meditation oder wenn sich ein Problem im richtigen Augenblick auf wundersame Weise auflöst.

Aber wie steht es mit den anderen Momenten, die nicht so offensichtlich Dankbarkeit hervorrufen? Ist es möglich, innerlich ein Gefühl der Wertschätzung aufrechtzuerhalten, wenn uns in Wirklichkeit das, was um uns herum geschieht, überhaupt nicht gefällt?

Oft genug überspringt unsere Dankbarkeit ganze Takte, wie eine Schallplatte mit Schramme. Wenn die jeweilige Situation es gerechtfertigt erscheinen läßt, geht unser Herz auf vor Dankbarkeit. In anderen Momenten vergessen wir jedoch die ewigen Kräfte, die ständig durch unser Leben fließen. Wir fragen uns: »Wofür sollte ich dankbar sein?« – Es sei denn, wir sind offen und uns der subtilen, sanften Lehren und Wunder bewußt, die sich von den alltäglichen Momenten abheben. Denn in Wahrheit gibt es *immer* etwas, wofür wir dankbar sein können.

Gottes Ehrfurcht gebietende Macht ist ständig am Werk und gibt uns immer genau das, was wir brauchen, um zu lernen und zu wachsen. Das universelle Gesetz gibt uns einen ununterbrochenen Strom von Gelegenheiten, um wertvolle Wahrheiten über uns selbst zu entdecken. Wir ziehen immer genau die Lektion an, die unseren gegenwärtigen Blockaden, Wünschen oder Fragen entspricht. Wir brauchen nichts anderes zu tun, als diese Lektionen wahrzunehmen, wenn sie uns begegnen. Wenn wir die Möglichkeiten nicht erkennen, die in diesen Situationen schlummern, werden wir sie so lange wiederholen, bis wir es schließlich begriffen haben.

Dankbarkeit ist unsere Art und Weise, allen Situationen gegenüber zu sagen: »Willkommen! Ich habe dich erwartet! Danke, daß du hier bist, um mir zu helfen zu lernen und zu wachsen.« Wir sind stärker, klüger und von mehr friedlicher Kraft erfüllt, wenn wir jeder Lektion des Lebens mit dieser Würde begegnen. Dankbarkeit beweist uns und dem Universum, daß wir Vertrauen haben in das geistige Gesetz von Ursache und Wirkung. Wir treten jeder Situation furchtlos gegenüber in der Gewißheit, daß sie nichts anderes ist als eine Auswirkung unserer Gedanken. Keine Situation ist eine

Strafe oder eine Belohnung. Sie ist schlicht und einfach eine Auswirkung.

Deshalb ist jede Situation eine Gelegenheit, in den Spiegel zu schauen und eine perfekte Spiegelung unserer Gedankenmuster zu erkennen. Alle unsere Situationen – ob wir sie als negativ oder als positiv bezeichnen – sind Produkte unserer Gedanken. Es ist in diesem wohlgeordneten Universum unmöglich, einer zufälligen Situation zu begegnen, die nicht Ihren Gedanken entspricht. Wenn wir uns nicht um die situativen Muster kümmern, die wir anziehen, können wir uns doch ihrer Quelle stellen: unseren Gedankenmustern. Spirituelles Wachstum ergibt sich aus der Entdeckung von Gedankenmustern, die Ihnen nicht mehr passen und aus der daraus folgenden Entscheidung, sie durch gesündere Gedanken zu ersetzen. Es ist etwa so, als ob man einen Garten von Unkraut befreit.

In welcher Form diese Situationen in Ihrem Leben auch in Erscheinung treten mögen, betrachten Sie sie als Lehrer, die Ihnen in Liebe zu Ihrem höchsten Wohl geschickt wurden. Diese Lehrer sind Ihre Führer, die Ihnen helfen, Ihre begrenzenden und auf Furcht gegründeten Glaubensvorstellungen zu identifizieren und zu durchbrechen. Mit Hilfe dieser Lehrer lernen Sie, auf Gottes Verläßlichkeit und Liebe zu vertrauen und sich darauf zu stützen. Je mehr Sie sich auf Gott stützen, desto mehr öffnen sich die Schleusen zu Ihrem Vorrat an Harmonie und Fülle.

Eine meiner ratsuchenden Klientinnen entdeckte auf dramatische Art und Weise die Vorzüge bedingungsloser Dankbarkeit. Unmittelbar vor unserer telefonischen Beratungsstunde hatte ich meditiert, und war daher sehr zentriert in der Liebe. Als erstes erzählte sie mir, daß ihr Wagen plötzlich kaputtgegangen war, und daß sie es sich nicht leisten konnte, mehrere hundert Dollar aufzubringen, um ihn reparieren zu lassen.

Ich verkündete spontan: »Wunderbar! Gott muß etwas Großes mit Ihnen vorhaben. Wir wollen uns bei ihm bedanken.«

Meine Klientin, eine glaubensstarke Frau, holte tief Atem und zögerte einen Augenblick lang. Dann wurde sie von dem Geist meines Ersuchens erfaßt. Sie erwiderte: »Gut, ich möchte daran glauben, daß das eine Wende zum Guten nehmen wird. Aber ich habe keine Vorstellung wie…«

»Das *wie* ist die Sache Gottes, nicht unsere,« gab ich ihr zu bedenken. »Wir sollten einfach danken und uns bewußt sein, daß für alle Ihre Bedürfnisse bereits gesorgt worden ist.« Wir sprachen zusammen ein Dankgebet an unseren Schöpfer und spürten beide, daß diese Situation eine wunderbare Gelegenheit bot, die Macht des Geistes auf unvergeßliche Art demonstriert zu bekommen.

Wir sprachen miteinander, bis sie sich wirklich mit der Situation versöhnt fühlte und darauf vetrauen konnte, daß ihre Bedürfnisse schon erfüllt waren. Die Grundprinzipien der Erfüllung spiegeln sich wider in den Worten Jesu: »Was ihr auch erbittet im Gebet, so ihr glaubt, wird es euch zuteil werden.« Erfolgreiche Erfüllung hängt von drei Faktoren ab: der Affirmation, daß für Ihre Bedürfnisse bereits Sorge getragen worden ist, von dem Glauben daran, daß das wahr ist, und der Dankbarkeit für Ihre Versorgung. Als meine Klientin in der Lage war, diese drei Faktoren in Frieden festzuhalten, forderte ich sie auf, ihre Situation Gott zu überlassen. Jetzt war es unvermeidlich, daß sich eine Lösung für die Situation mit ihrem Wagen manifestieren würde, denn sie hatte soeben bedingungslose Dankbarkeit bewiesen.

Ich bin immer dankbar, wenn ein Klient etwas anzieht, was einem Gang durchs Feuer entspricht. Wenn ein Mensch sich einer erschreckenden Situation stellt und dabei die Hand des Geistes hält, wird er nie wieder glauben, allein im Universum zu sein. Er wird dann aus eigener Erfahrung wissen, daß er sich immer auf Gott verlassen kann. Nach der Auflösung solcher emotional bewegender Situationen wird jeder mehr Vertrauen zu sich selbst und zu Gott besitzen.

Meine Klientin rief mich bald nach unserem Gespräch an, und sie hatte gute Neuigkeiten. »Sie hatten recht, Dr. Virtue!« schrie sie mir vor Begeisterung ins Ohr. »Aus heiterem Himmel hat mir eine meiner Mitarbeiterinnen ihren gebrauchten Luxuswagen zu einem supergünstigen Preis überlassen, und sie wollte nur 100 $ als Anzahlung!«

Seit dieser Demonstration des Gottvertrauens ist meine Klientin nicht mehr diesselbe wie zuvor. Sie erkennt jetzt Schwierigkeiten als die Gelegenheiten zum Wachstum, die sie in Wirkichkeit sind. Ihr Leben hat sich mit Lichtgeschwindigkeit entwickelt, weil sie sich nicht mehr davor fürchtet, alleine oder in Gefahr zu sein. Sie kennt jetzt die für alle gültige Wahrheit:

Dankbarkeit hebt uns über alle
irdischen Sorgen und Nöte.
Mit bedingungsloser Dankbarkeit sind wir
der ewigen Fülle und des Wachstums gewiß.

Dr. med. Doreen Virtue ist eine Mystikerin der vierten Generation. Sie führt eine Beratungspraxis und hat sich darauf spezialisiert, die wirklichen Ziele und Wünsche ihrer Klienten zu identifizieren und zu verwirklichen. Sie ist die Autorin der Bestseller Losing Your Pounds of Pain, Constant Craving *und* I'd Change my Life if I had More Time. *Sie tritt des öfteren in Radio- und Fernsehshows auf, darunter »Oprah«, »Sally Jessy Raphael«, »Leeza«, »Montel Williams« und CNN. Sie ist Herausgeberin der Zeitschrift* Complete Woman, *in der sie eine Kolumne für Ratsuchende betreut, und sie schreibt häufig Beiträge für die Zeitschrift* Woman's World.

Stuart Wilde

Zugehen auf das grenzenlose Selbst in uns

Der spirituelle Prozeß im Laufe unseres Lebens ist die Reise vom Ego zum Geist. Weil das Ego gewöhnlich unsicher ist, hat es viele Bedürfnisse und Impulse zu befriedigen und viele Ängste zu beschwichtigen. Das Ego muß seine Vorstellungen und sein kostbares Selbstbild aufrecherhalten. Seine Auffassungen werden unantastbar.

Es ist ganz natürlich, daß die menschliche Persönlichkeit und das Ego, das sich in dieser Persönlichkeit befindet, sich allmählich durch Selbstbestätigung zum König und zur Königin aller ihrer Unternehmungen krönen. Im Laufe der Zeit werden aus den Anordnungen und Wünschen dieser königlichen Personen Verordnungen, die weder hinterfragt noch gebrochen werden dürfen. König und Königin bei Laune zu halten wird zur »Aufgabe Nr. 1«.

Wenn jemand nach menschlichen Maßstäben sehr intelligent oder erfolgreich ist, braucht er oder sie gewöhnlich nicht lange, sich in den Stand eines Halbgottes zu erheben. Wenn das Ego/die Persönlichkeit sich erst einmal als Gott etabliert hat, ergeben sich daraus die Extreme der eigenen Wichtigkeit. Befehle werden erteilt, Forderungen gestellt und Situationen manipuliert. Sanftheit, Spiritualität und Anerkennung werden unterdrückt. Jeder, der sich den Erlassen des Königs und der Königin oder dem Bild, das sie von sich aufrechterhalten, widersetzt, wird den ganzen Zorn eines despotischen Regimes zu spüren bekommen.

Unsere moderne Gesellschaft züchtet Despoten. Im Vergleich zu unseren Ahnen geht es bei uns lasch und zügellos zu. Alles, was das Ego je braucht, steht zur Verfügung. Wir müssen nicht nach Nahrung graben, Bäume fällen, Kloaken reinigen. Unter diesen Bedingungen ist es nur natürlich, daß die Menschen die Dankbarkeit aus den Augen verlieren und es statt dessen auf Ehren und die eigene Bedeutung abgesehen haben. Wir werden zu Sklaven unserer Bemühungen, den König oder die Königin bei Laune zu halten.

Und dann waren Sie plötzlich da, ein spirituelles Wesen in Windeln, hineingeboren in eine fremdartige Welt des Genusses und der persönlichen Wichtigkeit, der Begierden und der Verwirrung. Wenn man noch so klein ist, hat man keine Chance, die kollektive Gesetzgebung des Ego in Frage zu stellen. Bald hatten Sie Übung im Konkurrieren, Kämpfen und Fordern. Man lehrte Sie das Bedürfnis, das Ego um jeden Preis bei Stimmung zu halten.

Geschichte handelt von sich streitenden politischen Egos und ihrem Kampf um Bedeutung und Macht. Ihre persönliche Geschichte berichtet von denselben Kriegen und Kämpfen, Verträgen, die geschrieben wurden, eroberten Territorien und den Auseinandersetzungen, die Sie durchgestanden haben, um das Königreich des *Selbst* zu erhalten. In dem Durcheinander dieser egozentrischen Gesetze verliert man Gott aus den Augen, und der Zweck und die Bedeutung des Lebens werden ausgeklammert. Spiritualität ist für die meisten eine Widerstandsbewegung im Untergrund, die sich in dunklen Gassen herumtreibt, wenn das Ego schläft.

Wie steht es nun um die Suche nach dem heiligen Gral, die heilige Reise? Mir scheint es sich dabei um eine Reise von weniger als 30 Zentimetern zu handeln, wobei wir vom Kopf zum Herzen, vom Denken zum Fühlen, von Ansprüchen und Genüssen zu Dankbarkeit und Demut reisen. Die spirituelle Reise gipfelt im Tod des Ego und in der Krönung des Geistes.

Wie ich in meinem Buch *Whispering Winds of Change* beschrieben habe, ist die Geschichte der Kreuzigung eine symbolische Lehre, die unsere spirituelle Reise darstellt. Sie erkennen das Ego/die Persönlichkeit verkörpert durch den Nazarener, der von Schmerzen zermartert am Kreuz stirbt. Maria Magdalena und die anderen Frauen am Fuße des Kreuzes repräsentieren die *Yin*-Sanftheit unseres grenzenlosen spirituellen Selbst, das nichts zur Rettung des Ego tun kann. Die Frauen können nur warten.

Nach seinem Tode wird der Nazarener für drei Tage in ein Grab gelegt. Das steht symbolisch für Stille, Meditation und Gebet. Es repräsentiert Innenschau, Disziplin, Demut und Dankbarkeit – Qualitäten, die Sie sich auf Ihrer Reise durch die dunklen Höhlen des inneren Selbst aneignen. Während

Sie nach innen schauen und geheilt werden, bereiten Sie sich vor auf die ehrfurchtgebietende Gegenwart des Heiligen Geistes, auf die Rückkehr Gottes in Ihr Leben.

Nach der Zeitspanne von drei Tagen im Grab ersteht der Nazarener vom Tode auf, um in den Himmel zu fahren. Jetzt nimmt er eine neue Identität an, er wird *Christus*, das Göttliche Licht, erfüllt vom lebendigen Geist. Unsterblich kehrt er wieder heim zur Gegenwart Gottes.

Unsere Reise ist dieselbe. Auf dieser heiligen Reise heilen wir uns selbst und leisten unseren Beitrag zur Heilung des gesamten Planeten, den nichts wird in Ordnung sein, bevor das Ego abgelegt ist.

Entledigen Sie sich der törichten Dinge, die nicht von Dauer sind. Begegnen Sie dem Geist in Demut und Dankbarkeit und treten Sie ein in das grenzenlose Selbst. Ich finde es schön, daß wir alle tief innen wissen, wie man die heilige Reise macht.

Ich bin wirklich dankbar dafür, in diesem modernen Zeitalter zu leben. Es ist so behaglich und erfordert ziemlich wenig Mühe. Jetzt ist genau der richtige Zeitpunkt in der Geschichte, um persönliche Durchbrüche und spirituelle Übergänge zu vollziehen. Toll, absolut toll, meine ich.

Der Schriftsteller und Vortragsredner Stuart Wilde gehört zu den außergewöhnlichen Charakteren in der Bewegung zur Selbsthilfe und Entwicklung des menschlichen Potentials. Sein Stil ist humorvoll, provozierend, scharf und transformierend. Er hat elf Bücher geschrieben, darunter die fünf, die das sehr erfolgreiche »Taos Quintett« ausmachen und die als Klassiker ihres Genres gelten. Es handelt sich um die Bücher: Affirmationen, Die Kraft ohne Grenze, Wunder. Eine Anleitung in sieben Schritten, The Quickening *und* Geld: Fließende Energie. *Sein neuestes Buch ist* Infinite Self: 33 Steps to Reclaiming Your Inner Power. *Wildes Bücher sind in 12 Sprachen übersetzt worden.*

Margaret Olivia Wolfson

Der unglaublichste Tag

Ich danke Dir, Gott, für diesen
unglaublichen Tag:
Für die springenden grünlichen
Baumgeister.
Und einen blauen Himmelstraum.
Und für alles, was natürlich ist,
was unendlich ist, was Ja ist.
E. E. Cummings

Draußen vor meinem Fenster ist eine Szenerie von atemberaubender Schönheit. Baumbestandene Felsen ragen am Fluß empor, und jedesmal, wenn sich die Sonne von den Sommerwolken losreißt, besprenkelt sie die Blätter mit Licht und läßt den Fluß golden glitzern.

Drinnen gibt es noch mehr Bilder, die mein Auge nähren. Ein Buddha, dessen ewiges bauchiges Lachen von einem philippinischen Holzschnitzer meisterhaft eingefangen wurde, steht auf einem Tisch aus Kirschholz, eine Gruppe von

Quarzkristallen glitzert zu seinen Füßen. Eine Reihe von Fotos meiner Familie, von Freunden und von fernen Orten rundet den Charme dieses Arrangements ab.

Ein Gefühl von Zufriedenheit trägt weiter zur Faszination dieses Tages bei. Das kommt daher, daß ich mit einer meiner liebsten Tätigkeiten befaßt bin. Ich sitze und schreibe in einer sauberen und friedlichen Wohnung, eine Tasse Apfelblütentee steht neben mir, der Dampf kräuselt sich empor und erfüllt die Luft mit süßem Duft. Während ich das alles auf mich wirken lasse, erfaßt mich ein herzerwärmendes Gefühl, das man am besten als Dankbarkeit bezeichnen kann.

Es ist wichtig, uns auch – in vernünftigen Grenzen – für all das dankbar zu zeigen, was uns Schwierigkeiten bereitet, traurig macht, ärgert oder frustriert. Der Dichter Theodore Roethke schreibt: »In dunkler Zeit beginnt das Auge zu erkennen.« Als Geschichtenerzählerin habe ich viele Mythen und Geschichten kennengelernt, die diese Idee verdeutlichen. Viele dieser Geschichten lehren uns, daß Schlangen und Kröten, die oft als abstoßend empfunden werden, in Wirklichkeit die Hüter von Gold und kostbaren Edelsteinen sind. Schmerzhafte Erlebnisse sind auf ähnliche Art und Weise bedeutungsvoll. Wenn wir die Schale des Schmerzes aufknacken, werden wir fast immer spirituelle Perlen entdecken.

In einem Workshop begegnete ich einer Teilnehmerin, deren Geschichte die Macht der Dankbarkeit wunderbar illustriert. Diese Frau, Marisol, trug die Narben des Stadtlebens. Zwar arbeitete ein Elternteil von ihr hart und regelmäßig, doch der andere war Alkoholiker und meistens abwesend. Zu dem Mißbrauch, den Marisol durch diesen Elternteil erlebte, kam in ihrer Kindheit noch die Erziehung durch den gnadenlosen Überlebenskampf in den Straßen der Großstadt, was schließlich zu ihrem Absturz führte. Sie brach seelisch zusammen und rutschte in die höllische Unterwelt der Drogen.

Im Alter von 30 Jahren wurde Marisol schwanger. Dann erfuhr sie, daß sie HIV-positiv war. Aus Furcht und durch die bevorstehende Mutterschaft motiviert, hatte sie auf einmal einen Traum, ihr Leben zu ändern. Dieses Ziel vor Augen begann sie, nach Hilfe zu suchen. Weil sie sich gegenüber den Behörden, Beratern, Helfern, Geistlichen, Schicksalsgefährten und Angehörigen der Heilberufe, die mit ihrem Fall zu tun hatten, zutiefst dankbar zeigte, unternahmen viele große Anstrengungen, um ihr behilflich zu sein. Deren Unterstützung bewirkte zusammen mit ihrer eigenen eindrucksvollen Kraft ein Wunder.

Während ich das hier schreibe, ist Marisol auf dem Wege der Genesung. Trotz HIV ist ihre Gesundheit gut. Ihre Energie, die sie zuvor freizügig in einer Crack-Pfeife verbrannte, verwendet sie jetzt zur Schaffung einer Zukunft – wie lang oder wie kurz diese auch sein mag – für sich und ihre zwei Jahre alte Tochter, ein o-beiniges Kleinkind mit leuchtenden Augen.

Auch wenn wir für alles Gute in unserem Leben Dankbarkeit empfinden und zum Ausdruck bringen, rechtfertigt das nicht, diejenigen Aspekte unseres Lebens, die nicht funktionieren, passiv zu akzeptieren. Wir müssen uns jedoch, während wir darum bemüht sind, aus dem Stroh des Mangels Gold zu spinnen, auf unseren Wohlstand ausrichten, nicht auf unsere Armut. Und während wir ständig Anstrengungen unternehmen, unsere Probleme *nicht* beiseite zu schieben oder zu vermeiden, ist es unbedingt notwendig, gleichzeitig Dinge zu finden, die wir gut heißen. Wenn wir uns beklagen, ist unser Bewußtsein nur auf das gerichtet, was uns fehlt. Worauf wir uns im Geist konzentrieren, nimmt in der äußeren Welt Form an.

Eine Möglichkeit zur Entwicklung unserer für Dankbarkeit besteht darin, der Schönheit um uns herum größere Aufmerksamkeit zu widmen. Auch scheinbar kleine Ereignisse, wenn wir unseren Durst mit einem eiskalten Glas Wasser stillen, wenn wir es uns an einem stürmischen Morgen unter unserer Bettdecke gemütlich machen, wenn wir beobachten, wie eine Brise die flaumige Kugel eines Löwenzahns abträgt, oder wenn wir dem Chor der Grillen lauschen, die in einer mondgoldenen Nacht zirpen und singen, gehören zu den Dingen, die unsere Dankbarkeit hervorrufen können, sobald wir sie mit Respekt betrachten.

Traurigerweise zeigt sich unser Mangel an Dankbarkeit auf tausendfache Weise und ist nicht immer offensichtlich. So hasten beispielsweise zu viele durchs Leben und ignorieren seine Herrlichkeit, während wir uns durch eine schwindelerregende Zahl von Aktivitäten kämpfen. Wir fahren an Landschaften vorbei, die vor Farben förmlich explodieren, aber wir nehmen sie kaum zur Kenntnis. Wir schlingen unser Essen hinunter, ohne uns auch nur einmal still bei dem Wesen zu bedanken, das sein Leben zu unserer Ernährung gegeben hat. Wenn andere uns freundlich oder hilfreich begegnen, setzen wir ihre Bemühungen herab oder zeigen zu wenig Anerkennung für die geleisteten Dienste. Wir werfen schöne Bücher auf den Boden, wobei wir ihre samtenen, blütenreinen, mit Weisheit vollbepackten Seiten für selbstverstädlich halten. Während wir in die Anforderungen unseres persönlichen Lebens verstrickt sind, ignorieren wir zu oft das Netz von Freunden, Familienmitgliedern und Kollegen, die uns auf unserer Reise durchs Leben unterstützen, oder wir fertigen sie barsch ab. Die eigentliche Quelle unserer Existenz, die Sonne, wird allzu oft mit einer Verwünschung, mit Murren und Äußerungen des Unmuts begrüßt. Wir betrachten sie als einen Eindringling, der von uns verlangt, die Hüllen des Schlafes abzuwerfen und mit den Aktivitäten eines unerwünschten Tages zu beginnen.

Viele Traditionen der Ureinwohner Amerikas betonen die Wichtigkeit, insbesondere gegenüber der Erde Dankbarkeit auszudrücken. Ich fühle mich wie viele andere von der feierlichen Schönheit der Segnungsgesänge bei den Navajos angezogen. Es heißt, daß die Kraft dieser zeremoniellen Lieder so groß ist, daß sie bedrückte Menschen wieder mit der Welt in Einklang bringen können.

Vor kurzem sah ich eine Dokumentarsendung, die einen Navajo-Sänger zeigte, der einen Gesange der Schönheit für eine ältere Frau vortrug. Der Gesang sollte die Ängste der Frau beruhigen. Er beschrieb die Verbundenheit der Patientin mit dem Geist der Berge, der Kräuter, der immergrünen Gewächse, der Morgennebel, der Wolken, der sich sammelnden Wasser, der Tautropfen und der Blütenpollen. Indem der Sänger dieser Frau half, die Verwandtschaft mit der reichhaltigen und wilden Schönheit um sie herum zu spüren, trug er zu ihrer Heilung bei.

In ähnlicher Weise ist die Empfindung und der aktive Ausdruck von Dankbarkeit gute und mächtige Medizin. Wenn wir uns mit dem Reichtum, der uns umgibt, verbunden fühlen, fühlen wir uns gesegnet. Und obwohl Leben und Leiden miteinander verflochten sind – sie gehören zusammen wie Regenbögen und Sturmwolken, Sonnenlicht und Schatten, Krankheit und Gesundheit –, hilft uns Dankbarkeit ebenso wie Glauben zu verstehen, daß das Leiden nur ein Teil des Gesamtbildes ist.

Margaret Olivia Wolfson ist eine Geschichtenerzählerin von internationalem Ruf und Beraterin für persönliches Wachstum. Ihre einzigartigen, musikalisch begleiteten Darbietungen haben ihr Publikum im Kennedy Center, den Vereinten Nationen, dem Opernhaus von Sydney, dem Nationaltheater und den Universitäten Princeton und Harvard, um nur einige wenige zu nennen, begeistert. Sie ist die Autorin der Bücher The Turtle Tattoo: Timeless Tales for Finding and Fulfilling Your Dreams *und* Marriage of The Rain Goddess. *Wolfson lebt in New York City.*

Louise L. Hay

Gebet der Dankbarkeit

Tief im Kern meines Wesens gibt es eine unendliche Quelle der Dankbarkeit. Ich lasse jetzt zu, daß diese Dankbarkeit mein Herz, mein Bewußtsein, meinen Verstand, mein Wesen erfüllt. Diese Dankbarkeit strahlt von mir in alle Richtungen, sie berührt alles in meiner Welt und kehrt zurück zu mir, um meine Dankbarkeit zu mehren. Je mehr Dankbarkeit ich empfinde, desto bewußter wird mir, daß ich über einen unerschöpflichen Vorrat verfüge. Wenn ich mich dankbar erweise, fühle ich mich gut. Dankbarkeit ist ein Ausdruck meiner inneren Freude. Sie ist eine warme Kuscheldecke in meinem Leben.

Ich bin dankbar für mich und meinen Körper. Ich bin dankbar für meine Fähigkeit, zu hören, zu sehen, zu fühlen, zu schmecken und zu berühren. Ich bin dankbar für mein Zuhause, und ich kümmere mich liebevoll darum. Ich bin dankbar für meine Familie und für meine Freunde, und ich genieße ihre Gesellschaft. Ich bin dankbar für meine Arbeit und gebe zu jeder Zeit mein Bestes. Ich bin dankbar für meine Begabungen und Fähigkeiten, und ich bringe sie ständig auf erfüllende Art und Weise zum Ausdruck. Ich bin dankbar für mein Einkommen, und ich weiß, daß es mir immer gutgehen wird, wohin mein Weg auch führt. Ich bin dankbar für alle meine Erfahrungen in der Vergangenheit, denn ich weiß, daß sie ein Teil des Wachstums meiner Seele waren. Ich bin dankbar für heute, und ich bin dankbar für die Tage, die kommen werden.

Ich bin dankbar für das Leben,
jetzt und immerdar.

Meine eigenen Gedanken zur Dankbarkeit

Meine eigenen Gedanken zur Dankbarkeit

Literaturliste

Bloomfield, Harold H.: *In Frieden mit den Eltern*, rororo 1985
– *Das Glückspotential*, Kleine Verlagsgemeinschaft 1983

Borysenko, Joan: *Ein Wunder täglich*, Bauer 1996
– *Feuer in der Seele*, Bauer 1996
– *Für den Körper sorgen, – die Seele entfalten.* Vortrag auf Tonkassetten, Vier Türme-Verlag 1995

Cohen, Alan: *Es gibt hier keinen Drachen mehr*, Alf Lüchow 1995
– *Wiedergefunden!*, Alf Lüchow 1997

Coit, Lee: *Hören und Annehmen*, Greuthof 1992

Dean, Amy: *Ruhe finden. Tägliche Meditationen für alle, die sich vom Druck des Alltags befreien wollen*, Scherz 1996

Dyer, Wayne W.: *Der wunde Punkt*, rororo 1980
– *Die Kunst, Berge zu versetzen*, MVG 1993
– *Mut zum Glück*, rororo 1997
– *Wirkliche Wunder*, rororo 1995

Gawain, Shakti: *Das Praxis-Hörbuch*, Tonkassette, Axent
– *Erwachen*, Heyne 1993
– *Im Garten der Seele*, Heyne 1990
– *Leben im Licht*, Heyne 1989 (Auch als Hörbuch im Axent-Verlag)
– *Meditationen im Licht*, Heyne 1992
– *Reflektionen im Licht*, Heyne 1996
– *Stell Dir vor. Kreativ visualisieren*, rororo 1986
– *Wege der Wandlung*, Heyne 1995

Hay, Louise L.: *Das Körper und Seele Programm*, Heyne 1991
– *Das Leben lieben*, Heyne 1996
– *Die innere Ruhe finden*, Heyne
– *Du bist dein Heiler*, Heyne 1993
– *Ein Garten aus Gedanken*, Alf Lüchow 1990
– *Ein Treffen mit Louise L. Hay*, Videokassette, Alf Lüchow 1995
– *Gesundheit für Körper und Seele*, Heyne 1989
– *Heile deinen Körper*, Alf Lüchow 1989
– *Herzensweisheiten*, Alf Lüchow 1991
– *Hoffnung geben, Liebe finden*, Heyne 1997
– *Liebe das Leben wie dich selbst*, Heyne 1995
– *Liebe deinen Körper*, Alf Lüchow 1990
– *Meditationen für Körper und Seele*, Heyne 1997
– *Umkehr zur Liebe, Rückkehr zum Leben*, Alf Lüchow 1989
– *Tage der Freude, Tage der Kraft*, Heyne 1995
– *Wahre Kraft kommt von Innen*, Alf Lüchow 1992

Huxley, Laura: *Glücklichsein ist keine Kunst,* Tonkassette, Hugendubel

Jampolsky, Gerald und Cirincione, Diane: *Ein Kurs in Wundern,* Greuthof 1994
– *Weckrufe,* Alf Lüchow 1994

Jeffers, Susan: *... aber lieb sind sie doch. Die notwendige Demontage des Feindbildes Mann,* Econ 1991
– *Selbstvertrauen gewinnen,* Kösel 1995

Mason, John: *52 Mal. So wirst Du Optimist.* Gerth 1996

Millman, Dan: *Das Geheimnis des friedlichen Kriegers,* Falk 1992
– *Der Pfad des friedvollen Kriegers,* Ansata 1992
– *Die Kraft des friedvollen Kriegers,* Ansata 1997
– *Die Lebenszahl als Lebensweg,* Ansata 1994
– *Die goldenen Regeln des friedvollen Kriegers,* Ansata 1993

Moore, Mary M.: *Erwachen vom Traum,* Falk 1991

Price, John Randolph: *Die Zukunft ist jetzt,* Goldmann 1989
– *Engel-Kräfte,* Goldmann 1993

Siegel, Bernie: *Mit der Seele heilen,* Econ 1993
– *Prognose Hoffnung. Heilerfolge aus der Praxis eines mutigen Arztes,* Econ 1995

Stone, Hal und Sidra: *Abenteuer Liebe. Lebendige Partnerschaft,* Kösel 1996
– *Du bist richtig,* Heyne 1996
– *Du bist viele,* Heyne 1994

Wilde, Stuart: *Affirmationen*, Sphinx 1991
– *Der Weg zur eigenen Kraft*, rororo 1994
– *Die Kraft ohne Grenze*, Sphinx 1990
– *Geld, fließende Energie*, Sphinx 1992
– *Konzentration der Kraft*, Heyne 1996
– *Wie kriege ich einen klaren Kopf?*, Sphinx 1996
– *Wind des Wandels*, Heyne 1997
– *Wunder. Eine Anleitung in sieben Schritten*, Hugendubel 1996

Lüchow Video

Ein Treffen mit **Louise L. Hay**

Um die Prinzipien von Selbstwert und Selbstachtung und die Veränderung von negativen Gedankenmustern geht es in diesem Video.

Geeignet für Einzelpersonen, Schulen, Therapie- und Selbsthilfegruppen

ISBN 3-925898-39-5
104 Minuten • VHS
Deutsche Synchronfassung

Louise L. Hay ist die zur Zeit bekannteste Bestsellerautorin und Sprecherin des »New Age« in den USA. Ihre Bücher haben bereits Millionen von Menschen weltweit erreicht. In Deutschland wurde sie durch die Bestseller ***Heile Deinen Körper*** (480 000 Exemplare, Lüchow) und ***Gesundheit für Körper und Seele*** (Heyene) bekannt.
Louise L. Hay hat ihr wundervolles Buch ***Gesundheit für Körper und Seele*** so umgeschrieben, daß Sie als Zuschauer aktiv an den Vorstellungen und Überzeugungen teilhaben können, die sie so liebevoll mit Ihnen teilt.

Louise L. Hay

Herzensweisheiten

Louise Hay hat hier sorgfältig ihre liebsten Affirmationen, Meditationen und Ideen in einem schönen Geschenkband zusammengestellt.

256 Seiten • Gebunden
7. Auflage
ISBN 3-925898-08-5

»Ich bin keine Heilerin. Ich heile niemanden. Ich glaube, daß ich ein Trittstein auf dem Pfad der Selbstentdeckung bin. Indem ich Menschen beibringe, sich selbst zu lieben, erschaffe ich einen Raum, wo sie entdecken können, wie unglaublich wunderbar sie sind. Mehr tue ich nicht. Ich bin jemand, der andere Menschen unterstützt. Ich helfe Menschen, die Verantwortung für ihr Leben zu übernehmen. Ich helfe ihnen, ihre Macht und innere Weisheit und Stärke zu entdecken. Ich helfe ihnen, die Blockaden und Hindernisse aus dem Weg zu räumen, so daß sie sich selbst lieben können, wie auch immer ihre gegenwärtigen Lebensumstände aussehen mögen. Das heißt nicht, daß wir niemals mit Problemen konfrontiert würden. Der Unterschied besteht in der Art und Weise, wie wir auf das jeweilige Problem reagieren. Nachdem ich jahrelang Menschen individuell beraten und Hunderte von Workshops und Intensivtrainings überall auf der Welt durchgeführt habe, bin ich zu der Erkenntnis gelangt, daß sich jedes Problem nur auf eine Weise heilen läßt: indem man sich selbst liebt.«

Louise L. Hay

Louise L. Hay

Wahre Kraft kommt von Innen

Alle Bereiche des Lebens, die in einer größeren Selbstliebe münden sollen, werden von Louise Hay angesprochen. Hier verstehen Sie, was in *Heile Deinen Körper* nur angerissen wurde.

256 Seiten • Gebunden
7. Auflage
ISBN 3-925898-13-1

260 Seiten • **3. Auflage**
ISBN 3-925898-05-0

Louise L. Hay

Umkehr zur Liebe, Rückkehr zum Leben

Ein Buch zur Selbsthilfe

Der liebevolle Umgang mit sich selbst gibt AIDS-Kranken Hoffnung und eine heilende Lebenserwartung. Kaum jemand anderes hat soviel Hilfe in Bewegung gebracht wie Louise Hay in den USA.

Lüchow

Bitte fordern Sie Ihr kostenloses Gesamtverzeichnis an bei:
Lüchow, c/o Brockhaus Commission
Postfach 1220, D-70803 Kornwestheim

Louise Hay auf der Buchmesse '96

»Für mich ist Liebe eine große Wertschätzung, die man für etwas empfindet. Wenn ich davon spreche, daß wir uns selbst lieben, meine ich damit, daß wir eine große Wertschätzung für uns selbst empfinden. Wir akzeptieren alle Teile unserer Person - unsere kleinen Eigenheiten, alles was uns peinlich ist, das, was wir nicht so gut machen, aber auch all unsere wunderbaren Vorzüge. Wir nehmen dieses ganze Paket liebevoll an. Bedingungslos.«

Louise L. Hay

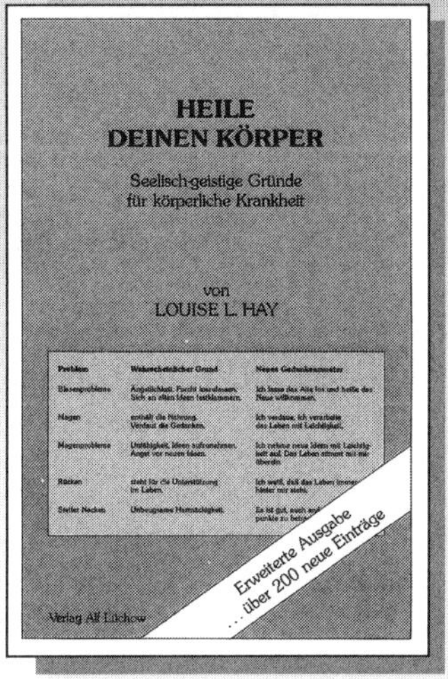

Louise L. Hay

Ein Garten aus Gedanken

Mein Affirmationstagebuch

Dieses Buch regt Sie an, selbst positive Affirmationen zu formulieren und zu Papier zu bringen. Ein Tagebuch Ihrer Heilung.

132 Seiten • **3. Auflage**
ISBN 3-925898-12-3

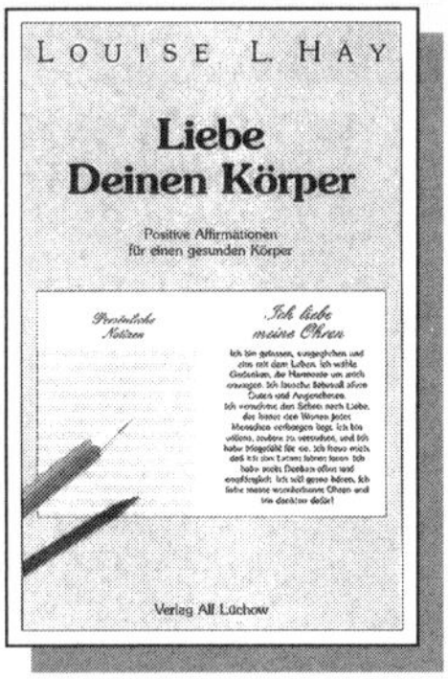

Louise L. Hay

Liebe Deinen Körper

Positive Affirmationen für einen gesunden Körper

Dieses Buch enthält 51 Affirmationsbehandlungen, die helfen sollen, einen schönen und gesunden Körper aufzubauen. Die Vertiefung zu *Heile Deinen Körper.*

112 Seiten • **9. Auflage**
ISBN 3-925898-06-9

UNSER TOPTITEL

Louise L. Hay

Heile Deinen Körper

Seelisch-geistige Gründe für körperliche Krankheit

Unser TOPTITEL mit **480.000** Exemplaren in der 38. Auflage.
Dieses Büchlein hat Louise Hay berühmt gemacht. Erkennen auch Sie die seelisch-geistigen Gründe, die zu Krankheiten führen können.

60 Seiten • **38. Auflage**
ISBN 3-925898-04-2

Lüchow

JAMES ALLEN

LEBENSHILFE

Heile Deine Gedanken

Was immer du zu tun oder
zu träumen vermagst,
wag dich nur frisch daran –
Kühnheit trägt Genie, Kraft
und Magie in sich.

Goethe

ISBN 3-925898-41-7
88 Seiten

Ein Buch, das seit annähernd 100 Jahren in Druck ist und auch erfolgreich verkauft wird, muß einfach etwas Magisches und Starkes an sich haben. *Heile Deine Gedanken,* im Original *As You Think (As A Man Thinketh),* hat sich als eines der ausdauerndsten und erfolgreichsten »Selbsthilfe«-Bücher der Welt erwiesen, im besten Sinne des Wortes.
Dieses kleine Buch kann uns die Größe zeigen, derer wir fähig sind, und uns die Mittel an die Hand geben, um diese Größe zu erreichen. James Allen führt uns in seinem Buch ganz klar vor Augen, daß der Schlüssel zu unserer persönlichen Kraft in unserem Denken liegt, und er zeigt uns auch, wie wir diesen Schlüssel einsetzen können, um uns den umfassendsten Erfolg und die größte Kraft, die wir uns vorstellen können, zu erschließen.

Der Geist ist die herrschende Kraft,
die schmiedet und schafft,
Wir sind Geist, und je mehr wir
das Werkzeug des Denkens einsetzen und
das erschaffen, was wir wollen,
desto sicherer bringen wir tausend Freuden,
tausend Leiden hervor.
Wir denken im Verborgenen,
und es zeigt sich –
unsere Lebensumstände sind
nichts als ein Spiegel.

James Allen